H. OMONT

LES SUITES DU SAC DE ROME

PAR LES IMPÉRIAUX

ET LA CAMPAGNE DE LAUTREC EN ITALIE

JOURNAL D'UN *SCRITTORE*

DE LA PÉNITENCERIE APOSTOLIQUE

(Décembre 1527 - Avril 1528)

Extrait des MÉLANGES D'ARCHÉOLOGIE ET D'HISTOIRE
publiés par l'École française de Rome, T. XVI.

ROME
IMPRIMERIE DE LA PAIX, PHILIPPE CUGGIANI
Via della Pace, 35.
1896

H. OMONT

LES SUITES DU SAC DE ROME

PAR LES IMPÉRIAUX

ET LA CAMPAGNE DE LAUTREC EN ITALIE

JOURNAL D'UN *SCRITTORE*

DE LA PÉNITENCERIE APOSTOLIQUE

(Décembre 1527 - Avril 1528)

Extrait des MÉLANGES D'ARCHÉOLOGIE ET D'HISTOIRE
publiés par l'École française de Rome, T. XVI.

ROME
IMPRIMERIE DE LA PAIX, PHILIPPE CUGGIANI
Via della Pace, 35.
1896

LES SUITES DU SAC DE ROME
PAR LES IMPÉRIAUX
ET LA CAMPAGNE DE LAUTREC EN ITALIE

JOURNAL D'UN *SCRITTORE* DE LA PÉNITENCERIE APOSTOLIQUE

(Décembre 1527 — Avril 1528)

La prise et le sac de Rome en 1527 par les troupes allemandes et espagnoles, qui composaient l'armée de Charles-Quint, ont été l'objet de nombreuses relations contemporaines, publiées au lendemain même de cet évènement fameux ou seulement de nos jours. On les trouvera citées et résumées dans le livre récent de M. le Dr Hans Schulz, *der Sacco di Roma, Karl's V Truppen in Rom (1527-1528)* (1), auquel on nous permettra de renvoyer.

Le journal publié plus loin et qui s'étend du 6 décembre 1527, jour où Clément VII quitta précipitamment Rome, jusqu'au 17 avril 1528, vient s'ajouter aux sources publiés ou signalées jusqu'ici. Ce sont de simples notes, consignées au jour le jour par un jeune *scrittore* de la Pénitencerie apostolique (2), resté

---

(1) Halle 1894, in-8°. (*Hallesche Abhandlungen zur neueren Geschichte*, herausgegeben von G. Droysen, Heft XXXII.)

(2) Voici les seuls renseignements que l'auteur nous donne sur lui-même : *12 déc.* « Eodem [die] coepi scripturae amanuensium operam dare sub Angelo Mutinensi ». — *5 janv.* « mei collegae in scribendis (ut aiunt) poenitentialibus ». — *13 janv.* « Die XIII coepi scripturae gallicae operam dare sub Angelo Mutinensi praeceptore ». — *31 janv.* « Dum peterem gymnasium Angeli Mutinensis, qui operas in scriptura mihi pro magistro dat ». — Cf. les deux lettres de « Theodericus Vafer alias Gescheid, scriptor brevium apostolicarum » et de « Jacobus Appocellus, curie causarum Camere Apostolice notarius » (17 juin et 8-20 déc. 1527) publiées par M. J. Mayerhofer dans l'*Historisches Jahrbuch* (1891), t. XII, p. 747-756.

dans Rome, à l'affût des nouvelles, souvent incertaines ou contradictoires, relatives à l'occupation de la ville par les Impériaux, aux négociations pour le payement de la rançon que ceux-ci avaient imposée, aux allées et venues du Pape et des généraux de l'Empereur, ainsi qu'au passage à travers l'Italie de l'armée française, conduite par Lautrec sous les murs de Naples.

Le texte original de cette relation est conservé, sous le n° 5223 du fonds des manuscrits latins de la Bibliothèque nationale, dans un recueil de pièces, formé par Baluze, la plupart concernant l'histoire civile et ecclésiastique d'Italie aux XV° et XVI° siècles, et dont le détail a été imprimé dans la *Bibliotheca Baluziana* (1), puis dans le *Catalogus codicum manuscriptorum Bibliothecae regiae* (2). C'est un petit cahier de neuf feuilles de papier de format in-folio, pliées en deux dans le sens de la longueur, en manière d'agenda (3), que Baluze avait recouvert d'une chemise de papier (4), sur laquelle il a mis le titre suivant, reproduit dans son catalogue imprimé: " Diarium eorum quae Romae contigerunt anno MDXXVII post captam Urbem ab exercitu Caroli V imperatoris, a die vi decembris usque ad diem xvii aprilis MDXXVIII. „

Ce journal débute, comme il vient d'être dit, au 6 décembre 1527 et la première mention qu'on y trouve est celle du départ précipité du pape Clément VII, qui quitte Rome de nuit pour se retirer à Orviéto avec sa cour, en laissant cependant aux Impériaux cinq cardinaux comme ôtages en garantie du

---

(1) Paris, 1719, in-12; pars tertia, p. 82-83, n° 544.
(2) Paris, 1744, in-fol.; t. IV, p. 55-56.
(3) Cotés de première main 1-18, ce sont aujourd'hui les fol. 86-103 du ms. latin 5223; ils mesurent 280 millimètres sur 102.
(4) Fol. 85 et 104. — Il n'y a aucune indication de provenance.

paiement de la rançon imposée aux termes de la capitulation (1).
— Le 13 décembre, Hernando de Alarcon, l'un des chefs des Impériaux, réclame la reddition de Civita Castellana comprise dans la capitulation; — le 14, on dit que les bagages du Pape ont été pillés, et le bruit court que le Pontife, empoisonné par un breuvage préparé par les Espagnols avant son départ de Rome, n'a plus deux mois à vivre. On apprend en même temps que Lautrec, ayant laissé une partie de son armée au siège de Milan, est arrivé à Bologne. — 22 et 23 décembre, départ de troupes allemandes et espagnoles pour Velletri. — 25 au 30 décembre, difficultés pour trouver l'argent de la rançon; on parle du prochain départ des Italiens et des Espagnols, mais les Allemands doivent rester à Rome jusqu'au paiement de leur solde.

1528, 2 janvier, on apprend le passage par Florence de Lautrec, marchant vers Rome (2); arrivée d'un envoyé du roi d'Angleterre, Henri VIII, porteur d'une déclaration de guerre aux Impériaux s'ils ne quittent pas Rome. — 12 janvier, inondation du Tibre. — 17 janvier, agitation des Allemands, non payés, qui s'étaient déjà réunis le 4, sous la conduite de Philibert de Chalon, prince d'Orange, commandant en chef des Impériaux et d'Alfonso d'Aquino, marquis del Guasto, chef de l'infanterie espagnole; le 11, ils s'agitent encore; — le 20, on craint un nouveau pillage; — le 22, excès des Allemands dans Rome et aux environs.

Le 4 février, on apprend que Lautrec est avec toute son armée à Tronto et se dirige sur Naples; — le 11, on a des nouvelles certaines et détaillées de la victoire qu'il a remportée sur

---

(1) Cf. Guicciardini, *Storia d'Italia*, lib. XVIII, cap. 5-6 et lib. XIX, cap. 1.

(2) Voir G.-L. Santoro da Caserta, *Dei successi del sacco di Roma e guerra del regno di Napoli sotto Lotrech*, p. p. Scip. Volpicella (Napoli, 1858).

les Impériaux, et le 12, on dit qu'il est arrivé à Pescara. — Le 14 février, les troupes italiennes et les fantassins espagnols, enfin, le 17, l'armée impériale toute entière quittent Rome par la Porta San Giovanni. Ce jour même, à la vingt-deuxième heure, l'abbé de Farfa, Franciotto Orsini, entrait dans la ville, aux cris de : " Francia, Orso Ecclesia ". Mais, sous le prétexte de rechercher les Espagnols ou les Allemands, qui pouvaient être restés encore à Rome, ses troupes se livrent, pendant deux jours à un nouveau pillage. — Le 19, on annonce que Philippe Doria avait capturé, en face d'Ostie, douze barques espagnoles emportant de Rome à Naples plus de cent cinquante caisses d'objets provenant du sac de la ville. — Le 29, on apprend le pillage de Préneste par les Impériaux. — Le 23, a lieu la purification des églises de Rome ; enfin le 25, le bruit court que Lautrec a établi son camp devant Naples.

Le 1ᵉʳ mars, on annonce le retour à Rome pour la semaine suivante de la cour pontificale, retirée à Orvieto, tandis que le Pape se rendra à Lorette en accomplissement d'un voeu. — Le 6, nouvelle panique à Rome au bruit de l'arrivée du fils du cardinal Farnese, à la tête de deux mille fantassins et de deux cents cavaliers ; c'était une fausse alerte. — Le 7, on apprend l'occupation de Bénévent par Lautrec, qui le 11 est à Foggia. — Le 14, puis le 16, nouveaux bruits, démentis le 19, du retour à Rome de la cour pontificale. — Le 16, on démolit les logements qui se trouvaient au dessus des appartements du Pape dans le palais du Vatican. — Le 22, on a des nouvelles de l'insuccès de la mission d'un ambassadeur de François Iᵉʳ auprès de Charles Quint et l'on fait courir le bruit d'un combat singulier entre le roi de France et l'Empereur. — Le 24, on annonce une victoire de Lautrec sur les Espagnols à Troia ; nouveaux détails, les 25, 26 et 30 ; les Romains veulent lui élever une statue triomphale au Capitole. — Le 27, mention de la mort de deux poètes, M. Ant. Casanova (1), décédé quinze jours auparavant, et Andrea Marone (2), depuis quatre jours; la nouvelle de la mort du premier avait été donnée par Pietro Corsi, auteur d'une relation en vers du sac de Rome (3). — 28 mars, détails sur une association de malfaiteurs qui pillait les boutiquiers de Rome. — 30 mars, nouvelles de l'armée de Lautrec; le prince d'Orange aurait été tué, Alarcon blessé et le marquis del Guasto fait prisonnier; autre récit de la bataille de Troia.

Le 3 avril, on apprend que Lautrec est à Melfi; — le 8, le bruit court que les Impériaux sont entrés à Naples; — le 12, que l'avant-garde de l'armée de Lautrec est arrivée devant les murs de cette ville. Mais le 13 ces nouvelles sont démenties: ce sont les Français qui sont entrés à Naples, tandisque les Espagnols campent sous ses murs. — Le 17, nouveaux bruits de l'entrée des Espagnols à Naples.

Tels sont les principaux évènements mentionnés dans ce journal, brusquement interrompu à la date du 17 avril 1528; la suite se trouvait dans un second cahier, qui n'a point été recueilli par Baluze.

Ajoutons enfin que, à côté des faits d'ordre politique ou militaire, qui viennent d'être rappelés, on y rencontre aussi des

---

(1) Voir Valeriano, *de litteratorum infelicitate* (Amstelodami, 1647, in-12) p. 142, et Tiraboschi, *Storia della letteratura italiana* (Milan, 1833, in-8°), t. IV, p. 221.

(2) Valeriano, *op. cit.* p. 109; Tiraboschi, *op. cit.* t. IV, p. 226, et Liruti, *Notizie delle vite... da' letterati del Friuli* (Venezia, 1762, in-4°), t. II, p. 104-106.

(3) Trois poèmes italiens sur la prise de Rome sont décrits aux pp. XLII-XLVIII du *Saggio bibliografico* qui précède *Il sacco di Roma del MDXXVII, narrazioni di contemporanei scelte per cura di Carlo Milanesi* (Firenze, 1867, in-32).

anecdotes et des détails d'ordre privé, qui viennent s'ajouter aux documents que l'on possédait déjà pour jeter quelque lumière sur la vie à Rome pendant ces temps troublés.

H. Omont.

Quod felix diuturnumque sit.
ANNO HUMANAE SALUTIS M.D.XXVII.

December.

Die VI decembris, Clemens pontifex VII, confectis cum Caesareis procuratoribus pacis conditionibus, Roma, nocte intempesta, ad Urbem veterem profectus est, quem cardinales, qui cum eo in arce fuerant, secuti sunt, exceptis Ursino et Caesis, qui obsides dati fuere ac in Rocham Papae missi, et Trivultio, Pisano et Gadi[o], qui jure foederis missi sunt Neapoli.

Eodem die tradita est moles Hadriani Pontifici ab Hispanis, ac intus praesidium Pontificio nomine positum, erectis Mediceis insignibus.

Die XII dictum est impedimentum nescio quod paci esse interjectum, quoniam arx Civitatis Castellanae sese Hispanis dare nollet, quae ut daretur in pace concludenda intervenerat, hocque ab ipsis incolis fieri, cum ut dederentur Pontifex ad eos scripsisset.

Eodem [die] coepi scripturae amanuensium operam dare sub Angelo Mutinensi.

Eodem die dictum est pecuniam, qua exercitus Caesareus persolveretur, Neapoli discessisse, in itinereque Romam versum esse. Haec autem est illa quam Pontifex ex creatione sex cardinalium coegerat.

Eodem [die] audivi principem Orangiae, qui Romam die VIII venit, itinere obviam Pontifici esse factum, ejusque fugam veritus, parum abfuisse quin reduceret; sed tamen, cum se ex consensu ac voluntate Caesaris procuratorum discedere ei probasset, una prandisse, deinde suam quemque viam cepisse.

Die XIII vulgatum est praecedente nocte Alorcum nepotem suum ad Pontificem misisse, quo sciret si ex voluntate sua arx Civitatis Castellanae se dedere recusaret, quidque super hac re agere vellet, et quo ille tutior in itinere esset, complures officiales comitis illi additos esse.

Die XIIII fuit disseminatum litteras, a Pontifice Caesareis ducibus Romae esse redditas, quibus se brevi rediturum ostendebat. Item suppellectilem Pontificis cum impedimentis omnibus a rusticis fuisse interceptam magna cum ignominia.
Item intellexi primum Pontificem duos menses non supervicturum, quoniam antequam discederet ex arce venenatum poculum ab Hispanis datum exhausisset.
Item quidam tabellarius, qui Venetiis Romam venit litterasque domino Joanni Barotio a fratre suo attulit, quae XL aureis signatae erant, ob nuncium episcopatus Bellunensis, cujus Senatus Venetus sibi possessionem dederat, is igitur dixit se in itinere Todis fuisse ibique omnes obsides, qui e manibus Germanorum elapsi erant, offendisse; quem cum interrogassem quot pedites in confoederatorum exercitu essent, respondit ad sex millia, sed maximum equitatum ibi esse, dixitque Camerinum a ducissa possideri, quod Antonius Maria Aoguadrus, Venetorum dux, qui Germanorum tria millia ducit, ad deditionem compulerit.
Item aperuit Odetum Leutrecium Bononiae esse, relictis ad Mediolani obsidionem duodecim millibus hominum, quibus praefecerat ducem Franciscum Mariam Sfortiam et comitem Caiatii.

Die XV espectabatur marchio Guasti cum pecunia, qua, Neapoli huc advecta, impius iste exercitus persolveretur Romaque dein discederet.

Die XVIII inanis rumor fuit Pontificem ex humanis excessisse, ex veneno quod Hispani illi propinarant; sed postea res ut se haberet probe intellexi, nam ipsi insolito equitandi labore, cum Urbem veterem pervenit, pedes inflati sunt non sine suspicione veneni, quod nihil esse deinceps cognitum est.

Die XIX passim percrebuit redditas esse Alorconio a Pontifice litteras, quibus significabat se omnia quae promiserat integra fide praestaturum dedisseque diligenter nonnullis in mandatis ut pecunia exercitui curaretur.
Item accepi a quodam Hispano, qui ludum Angeli Mutinensis, celeberrimi totius Urbis scribendi magistri frequentat, Caesarem ad Alorcum scripsisse, quod si Pontifex, quando has acciperet, in libertatem non esset restitu[tu]s, statim restitueretur, sique opus esset omnibus copiis in Galliam usque eum deduceret.

Die XXII dissipatum est quemadmodum insequenti die discedebant Roma decem vexilli (sic) peditum Hispanorum, ut ad expugnandas Velitras, Pontificiae ditionis urbem, proficiscerentur, una cum quattuor aliis Germanorum. Causa erat quod cataphractis equitibus in ea urbe hospitia non patuissent, quam bono praesidio illa firmata esset ignorabatur, sed tamen suspicabantur nonnulli signa nigra, quae ob praeclaram eorum virtutem in confoederatorum exercitu hoc cognomen sibi soli vendicavere, illic praesidio imposita esse, propterea quod paucis ante diebus visa erant, non longe a Taliaquitio, versus eam regionem iter facere, quare hujus rei eventus magna erat in expectatione.

Die XXIII discessere ab Urbe ad oppugnandas Velitras decem signa Hispanorum quatuorque Germanorum, cum duobus gravioribus tormentis, quae ex arce evexerant cum tribus aliis, ac in ea platea, quae contingit Turrem Sanguineam, in exercitus discessum reposita. Item dictum est Veliternos sequestro marchione Guasti pactis quibusdam pecuniis pacificatos esse cum Caesareis copiis, quare sequenti die qui ad Velitrarum expeditionem profecti erant redituros. Multae Italicorum peditum cohortes, quae pridie Romam venerant, Viterbium versus in hyberna abiere.

Cognovi pariter eodem die Matthaeum Gibertum, episcopum Veronensem, ad Pontificem accessisse rudemque administrandarum publicarum rerum a Pontifice petiisse, quo tota mente rebus divinis studiisque operam dare posset, quod illi Pontifex invitus concesserit, deprecante tamen hoc episcopo Theatino, qui et ipse itidem magistratibus ac dignitatibus omnibus se abdicaverat ac sejunctus ab omnibus humanis, fragilibus et caducis in solitudine cum quibusdam aliis contubernalibus colendis diis discendoque vacabat.

Die XXIIII rediere milites qui pridie ad Velitras profecti erant, sed mane dicebatur quod postquam eatenus progressi erant resque inter Veliternos composita esset ut cataphractos equites in urbem admitterent ad oppugnandam Sarmonetam ituros, quae cum principem ex se habeat, seorsum imperium administraret.

Die XXV, qui fuit Natalis Domini Jesu Christi, dictum est expectari alias a Pontifice pecunias, ut una cum illis sexaginta millibus aureorum, quae marchio Guasti nudius tertius Romam advexerat, exercitus Caesareus omnino persolveretur. Praeterea quod Pontifex denunciavit exercitui confoederatorum ut ex ditione sua decederent, nisi se inimicum habere vellent. Insuper quod Veneti Ravennam, Cerviam, Codignolam, quae Pontifici subjectae erant, occuparunt jam multis ante diebus.

Die XXVIII censa sunt omnia Hispanorum peditum capita, quod castrensi nomine resignare milites vocatur, nihilque aliud memorabile gestum.

Die XXIX lustrati sunt Hispani pedites, quod militari vocabulo monstrare dicitur, ut sequenti die stipendia illis erogarentur.
Item sparsum est Lothrechium ad obsidendam Senam cogitare eoque iter dirigere coepisse. Item quod Senenses ad Caesareos duces homines cum hisce mandatis miserunt, ut nisi posteaquam Romam cepissent ad evertendam Florentiam redirent, quemad-

modum ex itinere sibi benigne recepissent se de honestis pacis conditionibus cum foederatis principibus acturos, easque quoquo modo cum eis transacturos.

Item quod ut exercitus iste Caesareus diutius Romae commoretur in causa fuit, quippe unus ex his Neapolitanis, quos Pontifex cardinales creare crediderat, dignitatem respuerit, quare aliunde pecunia fuit conquirenda.

Die XXX audivi Hispanos omnes Italicosque milites qui Romae essent omnino, die Solis aut Lunae proxime futuro, ab Urbe recessuros, Germanos vero mansuros, donec stipendia omnia accepissent.

ANNO A PARTU VIRGINIS M.D.XXVIII.

Januarius.

Die II januarii vulgatum est Lotrechium cum exercitu Romam versus iter faciens (*sic*) Florentiam praeteriisse, ubi tanta omnium laeticia fuerit exceptus, ut cives paratos cibos militibus dederint gratuito.

Item dum colloquerer vesperi a coena cum Calvo, ac de protonotario Gambarae incidisset sermo, is ab eo mihi et eloquentiae Tullianae satis peritus et sacrarum disciplinarum consultissimus est demonstratus.

Hic, quando adhuc obsides Datarius Matthaeus Gibertus, episcopus Veronensis, scilicet, episcopus Pistoriensis cardinalis Sanctorum Quatuor, ex fratre vel ex sorore nepos (id enim mihi incompertum est), episcopus Sypontinus cardinalis Montensis itidem nepos, episcopus Pisanus, Jacobus Salviatus, ac cardinalis Rodulphi frater, in manibus Germanorum erant, persolvendae illis pecuniae nomine a Pontifice promissae, Romam ex Britannia venit, quo paulo ante Urbis direptionem nuncius (ut nunc locuntur) a Pontifice fuerat missus, cum Regis attestationibus duabus, una qua attestabatur exercitui Caesareo, nisi quamprimum ex Urbe caeteraque Pontificia ditione decessisset, bellum justum se Caesari indicere posse reputaturum, propterea quod cum Rex creatus sit, jurejurando astrictus fuerit se Ecclesiae ac Pontificum acerrimum defensorem atque protectorem fore, altera qua denunciabat Pontifici nullam speraret ex universo suo Regno utilitatem emolumentumve ex iis litteris (quas vocant expeditiones) donec captivus fuisset. Sed hoc ab ipso fictum fuisse creditur, ne Caesareus exercitus magnae consequendae a Pontifice pecuniae spem haberet. Quod tamen incassum factum est.

Igitur, durante sermone de hoc protonotario Gambarae, cognovi quemadmodum, Leonis X Pontificis tempore, cum bellum in Insubribus adversus Gallos moveret eum recepisse ipsi Pontifici se Alphonsum Ferrariae ducem necaturum, qua re patrata cardinalatus est illi promissus. Angebat enim et excruciabat Pontificem haec continens cura quod ipse Alphonsus erat Gallorum foederatus, cumque copias suas, duce Prospero Columna in Insubres transmitteret, ille Ferrariam egressus cum non contemnenda militum manu non procul a Regio Lepidi magnum incommodum atque detrimentum illis attulerat; sed postea ab incoepto destitit incerta de causa, unde protonotarius Ferrariam petivit nonnullosque ex Lateronibus ducis sollicitavit ut eum interficerent, quod illi promiserunt. At, clam hoc duci nunciato, dux jubet eos ut simularent se rem perfecturos. At protonotarius, dum id segnius tardiusque fieri quam crediderat, suspicatus, id quod erat, ducem rem omnem cognovisse, sese inde furtim surripuit. Quapropter dux, facto per testes contra illum (quod ita appellant) processu, omnibus declaravit eum parricidam fuisse, sumsit etiam de nonnullis hujusce sceleris consciis supplicium, habita diligenti per tormenta quaestione.

Die III Germani concilium habuerunt de accipiendis tribus stipendiis ac de dandis tredecim aureis ipsis principiis; quod cum milites libenter accepissent, ipsa principia non ratum habuere, dicentia se totidem duplicata stipendia accipere velle, quot singula militibus data essent. Sic re infecta, concilium solutum, furente magna cum vento pluvia, ac in insequentem diem dilatum.

Item mortuus est Antonius ex Valle Vulturena, vel ut alii volunt Tellina, qui inter Germanos, sub duce Joanne Stampio, militabat, in domo Calvi angina suffocatus, in cujus crumena reperti sunt quatuordecim cum dimidiato aurei, quos Gaspar Pisognius, ejus commilito et contubernalis, Brixianus, apud se tenuit, non communicata eorum parte cum Joanne Cromero, ejus itidem commilitone atque contubernale, graviter tamen expostulante atque vehementer id efflagitante.

Die IIII Germani conventum peregere, in quem processerunt princeps Orangiae, summum in exercitu Caesareo locum tenens, et marchio Guasti, Hispanorum peditum ductor; sed nihil constitutum, res in posterum diem prolatata (sic). Procellosus dies fuit; tonitrua fulguraque de caelo ceciderunt.

Die V congregationem fecerunt Germani, in qua decrevere ut se omnibus, militari more monstratis, tria stipendia acciperent quae a ducibus fuerunt oblata; pariterque principi Orangiae, qui antea nomine tantum et superficie tenus dux totius exercitus fuerat, summam imperii detulerunt, addito quoque Hispanorum consensu. Item marchio Guasti Neapolim discessit pecunia anquirendae (sic) causa. Item divulgatum fuit Lotrechium Senam ut oppugnaret iter tendere. Nec defuerunt qui dixerint Senenses res suas cum illo composuisse, his conditionibus ut illi commeatus omnis generis darent et tria millia peditum auxiliariorum, suis ipsorum stipendiis persolutorum, donec bellum desineret.

Audivi eo ipso die facinus memoratu non indignum, quod nudius tertius acciderat. Nam Baptista quidam, patria Castellanus, quae in Piceno est, Joannis Barotii, patricii veneti, pernecessarii mei collegae in scribendis (ut aiunt) poenitentialibus, qui in palatio cardinalis Sanctorum Quatuor, quae fuit Cancellaria vetus, commorabatur, a quo Joanne ipse hic audivi scortum satis elegans, aetate satis integra, nomine Lucretia, calamitosissimis illis Romanae direptionis diebus apud se domi aluerat alebatque. Sed cum in eodem palatio diversaretur dux Germanorum, cum ipso signifero aliisque compluribus, ille Baptista dederat operam ut illos sibi conciliaret, benigne et familiariter illos tractando. Itaque Germani conversabantur cum eo in cubiculo valde intime, qua re hujuscemodi hominum benevolentia facile allicitur. Caeterum inter conversandandum (sic) ipsorum unus, cui Augustino nomen erat, amore Lucretiae captus est, mutuamque illa in amando (ut sunt varia et mutabilia foeminarum ingenia) Germano vicem reddebat. Ita res diu latuit, Germano tamen quotidie cum Baptista conversando, postremo usu venit ut quadam die Baptista cum Julio Cardello, qui et ipse poenitentialium scriptor est, colluderet resque in multum noctis producta esset, unde, cum a ludo desisterent, Julius non auderet domum suam ire ob militum periculum, quod illi, si exisset, imminebat. Quare Baptista eum apud se tenuit ac inter se meretricemque medium in lecto collocavit. Quocirca, cum dilucesceret, illa occasionem rata libidinis et amoris sui explendi, rem Augustino denunciat, unde ille excandescens, statim ad Baptistam se contulit, tenensque manu Lucretiam, questus est cum ipso quod alius cum eo cubasset, tanquam si res sua esset. Deinde cum eam abduceret, Baptista conquerens de eo, remque hanc se duci narraturum minitans, ille stricto gladio est insecutus, et, nisi se intra cubiculum quoddam e vestigio confugisset, illi profecto vulnus aliquod inflixisset; sic raptor rapta potitus. Ea autem tanquam furia incendiorum aliorum causa fuit; nam cum ille pollicitus sit se eam desponsaturum, quod, inquit, nisi tribus aureis pro expensis quas ab hac domo accipere debetis contenti estis, quos vobis cardinalis, suo nomine dat, multi hic habitant alii mercatores nobilesque a quibus multo plus aequata omnium parte vobis dari potest, quando hic habent suppellectilem mercesque suas omnes. Quare illi postero die nisi sibi decem aureis singulis quibusque diebus erogarentur palatium direpturi sunt comminati, et exinde portam posticumque dispositis duobus qui vigilarent, nec aliquid efferre sinerent, obsedere. Retexit illa praeterea quamplurima ejusdem Baptistae scelera atque flagitia quae clam habebantur. Qui mihi duplici reprehensione dignus esse videtur, et quod meretrici omnia arcana sua commiserit, et quod cum eam ingenio molli et procaci domi haberet, familiaritatem juvenum militum non cavit.

quibus in praesentia omnia praesertim talia facinora impune licent.

Inseram huic quoque facinus ridiculum, quod, quia in eadem domo et paucis ante diebus accidit, huic loco adjungendum esse videtur. Petrus Stella, Brixianus, qui nunc vice cardinalis in Poenitentiaria fungitur, habebat domi ancillam, cui nomen dicebant Claram, servumque, qui Faustinus vocitabatur. Clara erat admodum corpulenta atque alvo multum prominenti; sic quadam nocte doloribus colicis laborare coepit, Faustinus statim ad medicum, qui in ea ipsa domo habitabat, mittitur scitatum quae remedia sint huic malo adhibenda. Ille, ut vitreos malos (quas vulgus ventosas appellitat) adhibeant. Hoc cum Faustinus domino retulisset, dominus signatis manu forulis ibi ventosas esse ait, acciperet statimque admoveret Clarae laboranti. Forte fortuna illic intus fuere quoque duo urinalia post quae ventosae latebant, ille Faustinus, ut erat homo simplex (et ut ita dicam) fatuus, existimans urinalia ventosas esse, rapit illa et ad Claram accurrit doloribus apprime vexatam, quaesivitque ab ea quo in loco ventosas poneret; illa super nates respondit. Ita ille accepto magno stuppae pugno concremat alterumque urinalium super natem imponit, quare illa ardoris malo sentito: Quid egisti? furcifer. Quid egisti? me totam concremasti. At ille non ego id feci, ventosam tantum adhibui. Sed illa, cum natem exustam haberet, urinale dejecit, quod, cum manibus sublevasset. Haud miror, inquit, me totam arsisse cum hoc urinale sit, non ventosa; et sic doloribus colicis ob malum gravius liberata est. Quare ille tristis ploransque: Parce mihi, parce, domina, inscienter hoc feci. Domina autem appellabat quod ab ea plurima in se commoda proficiscebantur. Ille autem, mali quod imprudenter commiserat conscius, sequenti die integro latuit, ne Clarae erga se odium praesentia sua irritaret, sed purgatus mox in ejus gratiam rediit.

Die VII dictum est Lothrechium Florentiam venisse quo res inter Florentinos, qui se expulsis et eliminatis Mediceis in libertatem vendicarant et Pontificem componeret, acturumque eum existimatur eodem tempore quo Senenses sibi adjungat.

Item Albertum, Carporum principem, in Gallia, Fredericumque Bozolam in exercitu Lotrechii ex humanis discessisse.

Item hodie Germani concilium peregere, in quo statutum est ut die Veneris proxime futuro monstrationem facerent, sabbatoque pecuniam acciperent, Dominico conventum instaurarent, in quo deliberarent quam in partem illis esset eundum.

Die VIII accepi ab Hispano milite, qui gymnasium Angeli Mutinensis, qui operas in scriptura pro magistro dat, celebrat, Albericum, comitem Belgiosi, Romam Mediolano pervenisse, qui dixerit Ticinum, ac pleraque alia quae Lotrechius ceperat Antonium Levam de integro recepisse.

Die IX Joannes Cromerus Germanus, qui in domo Calvi ejusque impensis hospitatur, hastico ludo more Germanorum cum Joanne Gosmitio concurrit in Campo Florae, qui ex equo dejectus magno spectantium omnium clamore est derisus; uterque autem pedibus claudicabat, sed Joannes Gosmitius manibus etiam captus erat, sic ille domum moestus lutoque undique respersus rediit. Postmodum convivium celebrarunt, in quo victori ejusque sectatoribus primus locus datus est, nec inde discessere nisi omnes ebrii usque ad noctis conticinium illic pernoctaverunt.

Die X venit dominus de Genevres, Flamingus, Neapoli, qui attulit viginti millia nummum aureorum. Item quatuor Germanorum vexilla monstram fecere, ordinatim deinceps alia illud idem factura.

Ebrius fuit Gaspar Pisognius hoc die.

Die XI Germani omnes lustrati sunt, incerti tamen quo die ad nummos essent perventuri. Insoliti venti turbinesque cum hymbre commixti fuere, quas ob res vulgus credit proditionem denunciari mortalibus atque adeo impendere.

Die XII Tyberis auctus diuturnis pluviis alveum excedere coepit et Urbis proximiorem sibi partem inundare. Venti procellaeque quasi prodigiosae fuere.

Puella praestanti et integra forma domum ad Gasparem Pisognium Brixiensem venit, qui Italus inter Germanos tamen militabat apud Calvumque hospitabatur. Hic captus illius amore paucos ante dies fuit. Itaque rem ita sollicitavit ut cito voti compos efficeretur per puellae novercam, quae eam domum usque ad Gasparem deduxit, ibique simul pransa est. Caeterum puella apud Gasparem mansit.

Die XIII coepi scripturae gallicae operam dare sub Angelo Mutinensi praeceptore.

Die XV audivi vocem, cum essem scribens in supremo Calvinae domus cubiculo, quae " Franciam, Franciam „ claro sonitu conclamavit, quae vox bis geminata (ut fit in victoriis) praejudicium est futurae Francorum felicitatis. Ea autem vox unde vel a quo prolata fuerit inscius sum, sed mihi humana clarior de coelo descendisse visa est.

Die XVI factus sum obviam Andreae, coaetaneo meo ac amico carissimo, qui indutus albo vestitu pridie ejus diei vesperi Romam venit, ex Genua advectus Hostiam appulit. Inde ad Urbem profectus, is mihi nunciavit quemadmodum quinque Germanorum millia nigrae factionis ipse diem antequam Taurino discederet illac praetergredi Mediolanum versus viderat, mensem autem in itinerere absumpserat.

Die XVII Germani concilium habuere indignabundi quod sibi promissa toties stipendia non darentur; quare urbs trepida solicitaque fuit, ne eorum ira contra se evomeretur. Usque ad meridiem a summo mane congregati stetere, miserunt duces ad principem Orangiae, quid de pecunia esset facturus percontatum, in vestigio responderet utrum eos persolveret an dimitteret. Quibus princeps, taciturnus primum, dein ita respondit. Praefatus tamen primo nonnulla, quod humanitate et liberalitate Caesareae Majestatis creatus est summus dux in exercitu, ut quatriduum et expectarent, quando tamdiu expectassent donec ad marchionem Guasti Neapolim scriberet, ut pecuniam illis curaret. Cui duces responderunt hoc fore ut in praeterito fuisset, cum de die in diem illis pecunia promitteretur nec tamen persolveretur. Quibus princeps se nihil unquam illis promisisse (quod duces ipsi fassi sunt), cardinalem Columnam et marchionem Guasti spopondisse ea quae promissa illis fuerint, praestitisseque ac repraesentasse ea quoad ejus fieri potuit; quod si aliquid non sit servatum, non eorum de causa sed pecuniae egestate factum fuisse. Sic illi contenti fuere quatriduum expectare illius responsum de pecunia; interposuit princeps nonnulla dictitans Gallos foederatosque principes magis pecunia indigere quam ipse Caesar. Quibus verbis insinuavit ne aliquid magni auderent de discessu suo ut foederatis inservirent, quoniam nummis carerent.

Item eodem die expectabatur Ugo Moncada, prorex Neapolis, Alorcus et marchio Guasti, quod ante facti fuerant certiores de hoc tumultu, quem ob pecuniam Germani facere vel velle praesagiebatur, ut ipsi tanto malo aliquo modo mederentur, quod tamen sine argento non fiet, adeo Germani irati sunt.

Die XIX dictum et Lotrechium ulterius Romam versus progredi, cum non parva hominum suspicione quod jam Senenses cum eo amicitiam sanxerint, sed simulaturum appropinquare Urbi cum exercitu, ut legitime se dedere possint.

Die XX Germani concilium habuere, in quo decreverant ut singuli, acceptis duobus scutatis, expectarent tantisper dum princeps Orangiae iret Neapolim rediretque. Ita solutum concilium. Sed cum hoc contentos fuisse eos poenituisset, post dimidiatam horam rursus conventum instaurant, qui dum agerent magnopere civitas sollicita fuit ne in domorum direptionem eorum ira verteretur. Quare infinita capsarum aliarumque rerum multitudo in Molem Hadriani est comportata. Nihil tamen ab eis conclusum, praeterquam quod insequenti luce ad congregationem redirent. Hic dies fuit magni pavoris ac trepidationis plenus, solemnitasque fuit Sancti Sebastiani. Campus Florae et Platea Judea mane a ferocientibus Germanis vino, pane aliisque cibariis, quae proposita erant venalia, spoliata ac direpta sunt, unde terror incessit universam Urbem.

Die XXI Germani conventum repetiere, in quo conclusum est ut singuli pedites acciperent binos scutatos postero die, deinde decem dies expectarent.

Item intellexi quemadmodum marchio Salutiarum conjunget se cum Lotrechio, Urbinas vero cum octo millibus peditum perget ad obsidionem Mediolani, quae jam tandem vix digna sunt ut credantur.

Die XXII traditi sunt singulis peditibus Germanorum bini scutati, principiis vero terni. Item princeps Orangiae discessit Roma Neapolim cum decem Germanorum ducibus, ut an aliquis modus sit inveniundae pecuniae pervestigent, qua Germanis satis tandem aliquando fieri queat.

Die XXIII venit Romam cohors una peditum plenissima quam ducebat Fabricius Maramaldus, hanc castrensi vocabulo colonellum dicunt. Item dictum est Bregantinos Andreae Doriae hostia Tyberina obsidere ne vinum Neapoli Romam advehatur.

Die XXIIII audivi quod cohors, quae stipendica Caesarea sub Fabricio Maramaldo mo[v]eret, Romam venisse ut praesidii causa Senam iret, item quod Germani, nisi persolvantur, Neapolim in hospitia concedent. Item Germani hodie diripuerunt Marinum, quod est sub ditione Ascanii Columnae, cum heri itidem depraedati essent villam nobilis cujusdam Romani, quam materna lingua Casalium vocant, ubi interfecerunt quatuor Hispanos archiscopplettarios, qui a domino illic tutelae et praesidii causa impositi fuerant. Dictum est etiam quod nonnulla insignia Germanorum volunt pergere ad diripiendam Frascatam, oppidum cardinalis Columnae; quod si fiet, creditur quod erit causa alienationis Columnensium a Caesare. Item audivi a Calvo Senatum Populumque Romanum litteras a Caesare accepisse, quibus eos consolabatur significabatque quod ea quae passi fuerant se invito accidisse, dum milites sui Pontificem ad pacem cogere vellent.

Die XXV cognovi quemadmodum quaedam vexilla Aloisii Gonzagae ex Anguillaria Romam venerunt. Item quod Urbinas misit ad Caesareos istos duces tubicinem, qui quid attulerit incompertum habeo. Item quod Abbatinus Farfae est Bracciani cum octingentis fere militibus, ex quibus quadringentos archiscopplettarios habeat, quos ab exercitu foederatorum duxerit eo in praesidium.

Die XXVI intellexi quid nuntiatum venerit tubicen ab Urbinate ad Caesareos missus, ut scilicet, nisi in campis apertis copiam pugnandi fecissent, ipse eos Romae aggrederetur. Item percrebuit quindecim vexilla peditum exercitus foederatorum Tybur esse ingressa, subsequi etiam Urbinatem eodem cum marchione Salutiarum, quod argumentum est Lotrechium appropinquare, quoniam illi ejus humeris innixi hoc audere arbitrantur. Item dictum est octingentos archiscoppletarios Senam esse ingressos, qui a Lotrechio illo mis[s]i sunt nomine amicitiae.

Die XXVII Hispani vetavere ne quicquam in arcem ferretur, cum ciborum et vini, tum aliarum rerum, quae illuc civibus et negociatoribus prae metu, ne Urbs iterum diripiatur, mittebantur. Dispositi autem ab eis sunt ad hoc curandum quatuor sexve scopplettarii in ipso Pontis Aelii aditu, qui quam diligentissime mandata custodiebant.

Die XXVIII dictum est exercitum foederatorum appropinquare. Venti horribiles fuere, tonitrua, fulgura, procellae, quae intermissa toto die duravere.

Die XXIX audivi a fratre Ambrosio, vicario Dominicani ordinis, in coenobio Minervae, qui praeceptor meus in logica fuit, quod isti Hispani divulgarant Rentium Ursinum esse mortuum, Andream vero Auriam captum in Sardinia a prorege ejus insulae, qui eos aggressum est, dum obsiderent quoddam munitum ejus loci oppidum, Rentiusque in praelio est interfectus, Andreas vero captus, galeris insuper omnibus praeter quinque amissis. Quae nugae (ve vobis Caesariani) in vestrum caput breviter cadent. Nam id nec verum nec verisimile est, cum dicatis proregem ejus insulae ad eorum adventum conscripsisse decem millia peditum lectissimorum, quibus illis obviam iret, cum universa Sardinia addita etiam magna Hispaniae parte tot milites dare non valeat. Item audivi milites foederatorum non Tybure esse, sed illac praetergressos Vigovari et in circumjacentibus villis consedisse, Vallemque Montonem occupasse, locum peropportunum Neapolitanis commeatibus. Item quod cardinalis Columna Caesarianorum jam hostem esse prae se tulit.

Die XXX dictum fuit exire hoc die tempus praestitutum ab Germanis principi Orangiae, quo pecuniam invenire possent, qua ipsi persolverentur.

Die XXXI dictum est nobiles Neapolitanos dedisse mutuo Caesari centum et quinquaginta millia nummum aureorum, quae principi Orangiae ejus nomine dederint, ut Germanos caeterosque milites persolvere possit, principemque cum omni pecunia die Solis, qui perendie erit, Romam venturum.

Item venit in Urbem Fabricius Maramaldus cum omnibus suis cohortibus, quae ad viginti vexilla erant, confecto eo die magno itinere; nam discessit ex Regnano et circumjacentibus castellis atque villis ubi hyberna habuit, mane vesperique Romam ingressus est. Quem ego dum peterem gymnasium Angeli Mutinensis, qui operas in scriptura mihi pro magistro dat, praetereuntem vidi juxta compitum illud quod Scrofa dicitur, interque ejus milites circiter septingentos scoppletarios, archiscoppletariosque numeravi; summa vero omnium, adjunctis etiam hastatis, fuit ad mille et octingentos, qui omnes in Quirinalem collem diversati sunt, ut postero die digrederentur irentque in stativa in villas, oppida, castella cardinalis Columnae.

Februarius.

Die primo, quod bonum, felix faustumque sit, vulgatum est Lotrechium pervenisse cum exercitu Truentum versus flumen, quod dividit Picenum a regno Neapolitano, ut ipsum transiret eoque itinere Neapolim tenderet. Item quod cohortes Fabricii

Maramaldi concedent cras ad Praeneste, Gallicanum, ac in circumvicina castella.

Die II partem exercitus Lotrechii esse propre Bononiam intellexi. Item cohortes Fabricii Maramaldi discessisse ab Urbe. Item quod Pontifex, simulac impientissimus iste Caesareus exercitus Roma profectus erit, in Vaticanum palatium redibit.

Die III audivi ab Antonio Odeschalchio quod discessus Caesarianorum ab Urbe differetur ad summum ad quindecim dies, tunc enim ulterius Gallos in regnum processuros; horum Caesarianorum moram longiorem factam fuisse ob quaedam impedimenta Gallis objecta, quae tamen levia sunt quae ab eis summoveantur.

Die IIII audivi ab Vincentio Palavicino, qui affinis aut necessarius Francisci Formenti cum eo habitat ac vivit, cum tamen suam praestet operam Jo. Michaeli Palavicino, vini mercatori, qui hodie Neapoli est mercimonii nomine, Lotrechium Truenti esse cum universo exercitu, ejusque hanc esse summam: tredecim millia archiscopplettariorum Italicorum, duo millia peditum Vasconum ac Biscainorum, decem Germanorum factionis nigrae, tria Helvetiorum, septingenti cataphracti equites, mille et octingenti levis armaturae.
Item quod marchio Guasti discessit Neapoli Romam versus cum pecuniis, quibus duo stipendia persolvat exercitui.
Item quod imposuerunt navibus quaedam tormenta Caesariani qui Neapoli sunt, ut ea mittant Romam ad exercitum, quae levia sunt et, ut aiunt, campestria, quia facile moventur et sunt agilia ad circumvertenda. Item quod in navalibus nulla penitus est gutta vini vendendi esseque homines in spe quod hodie ingressae essent aliquae naves Tyberim, nisi maricinus obstitisset; maricinum appellant navicularii non gravem in mari tempestatem.

Die V intellexi quod Caesar in Hispania summa industria providit de pecuniis, quae sunt fere ad quadringenta millia nummum aureorum, quorum ducenta millia cogitat mittere in Germaniam ad conscribendos novos Germanos, ducenta vero alia millia in Italiam ad exercitus novos inauthorandos, cujus nuncii author fuit Thomas Selvagus, Genuensis mensarius, qui dixerit se de hac re per literas ab correspondentibus suis certiorem esse factum. Item quod ii qui dicti sunt superioribus diebus exercitum foederatorum esse, qui Tybur venisset, fuit quidam nobilis ex familia Contorum, qui cum nonnullis suis sectatoribus in oppida et castella sua iverit, quae juxta Tybur habebat. Item quod cras discedent quaedam vexilla Germanorum, ut eant obviam defensionis nomine pecuniae, quae Romam advehitur ex Neapoli ad exsolvendum exercitum.

Die VI Germani concilium habuere in quo tractatum est ut singuli pedites acciperent bina stipendia, sed plebs hac re contenta non fuit, quia vult ad minimum quaterna, quod nisi fiat comminata est se Neapolim ituram, conciliumque in tertium diem repetendum distulere. Item quod perendie venient princeps Orangiae, marchio Guasti et Ugo Moncada Romam, qui afferunt nummos pro duobus stipendiis universo exercitui. Item audivi ab protomagistro equorum marchionis Guasti, quod exercitus commorabitur Romae ad summum duodecim dies eosque milites qui novi conscripti sunt in regno huc versus iter facere coeperunt, ut conjungant se cum reliquo exercitu.

Die VII accepi ab proquaestore Caesarei exercitus quod omne bellum Italiae vertetur in regnum Neapolitanum, quod verbum illi nolenti excidit. Item cognovi a Jo. Antonio Odischalchio quemadmodum cras expectantur princeps Orangiae et marchio Guasti cum pecunia. Item quod revocarunt Romam ex Corneto equites levis armaturae, cum quibus creditur quod inter veniendum illi, qui foederatorum militiam secuntur, vellicationem aliquam tentabunt. Item quod sequenti hebdomade ad extremum iste exercitus Roma discedet, abstinens ab inferendis civitati injuriis.

Item communis est omnium opinio Lotrechium cum exercitu Truentum transisse in agrum Neapolitanae ditionis; nam accepit ab rege suo litteras ut incoeptum persequeretur viriliter ac animose; nam desperata omni pacis spe cum Caesare ineundae ad bellum omnem curam vertisse, duo enim auri milliona, quae ab clero universaque Gallia exegit ac comparavit pro redemptione filiorum, nunc ea deplorata atque conclamata ad Italicum bellum destinasse. Item cognovi ab eodem Antonio, quod causa cur Lotrechius hac tota hyeme subsidit cum exercitu in agro Bononiensi, fuit quia agebatur de pace inter Christianissimum Regem ac Caesarem, quae nequaquam convenit inter eos, unde ad bellum eorum iram versam esse; perniciosissima profecto res.

Die VIII intellexi quod cardinalis Columna mittet perendie ducentos archiscopplettarios Taliacotium in praesidium, quod est argumentum manifestum quod ab ea parte non parum timetur a Gallis.

Die IX vulgatum est Lotrechium cum exercitu Truentum secundo istius mensis die transisse cum omni exercitu, facto gravi praelio cum Caesarianis, qui in ripa fluminis dispositi erant, ut eum arcerent a transitu, in quo plures (ut fit in loci iniquitate) ex Lotrechianis occiderint; fusi sunt tamen foede Caesariani. Hocque Calvus accepit ab Alexio Romano, chartae mercatore, qui diceret se accepisse a quodam mercatore Bergomate, qui, exercitum Lotrechii mercimonii causa sequutus, ob quaedam negocia Romam venerat. Dixitque, eodem quoque authore, exercitum Lotrechii constare sexaginta millibus hominum ad pugnam peraccomodatorum cum appendicibus, quotidieque magis ac magis augeri novis militibus. Sed maxime admirabilis in eo exercitu esse legio Italicorum, qui fere omnes archiscopplettarii sunt.
Item dictum est Principem perendie, qui erit dies Martis, cum marchione Guasti Romam haud dubie venturum cum pecunia. Item audivi a Paulo Neapolitano amico meo omnes Caesaris copias intra tres dies Romam conventuras, ubi Caesarei duces communi omnium consilio decernent quod de belli mole erit agendum. Item Neapolitanos Caesareis ducibus esse attestatos, quod nisi Lotrechio in campis patentibus Neapolim tendenti sese opponerent, se ejus impetum ac iram minime oppe-

riri velle, sed rebus suis, ut possit commodius, consulturos pacemque ab ipso petituros.

Die X confirmatum est Lotrechium cum exercitu Truentum transfretasse; variis tamen opinionibus alii asseverant eum sine tumultu, quia nullus transitum prohibuit transmeasse. Alii dicunt atrocem pugnam esse conflatam in transeundo, prohibebant enim bis mille et quingenti Germani, ii scilicet quos Lanoius in Italiam traduxerat, qui in Hispania Caesari ad corporis custodiam fuerant. Hi igitur, dum impedire Lotrechium conantur, audacter pugnam capessunt, et, dum pertinacius resistunt, occidione occisi sunt; neque autem Lotrechius incruentam victoriam adeptus, nam caesis totidem quot ipsi erant, strenuissimus etiam quisque, qui ibi pugnavit, aut occidit, aut graviter vulneratus praelio discessit. Item multi opinantur eum non iturum Neapolim in praesentia, sed in Apuliam, ut prius vectigalia regni in usum suum convertat, et ad inopiam Neapolim redigat, non permisso ut quisquam commeatus eo convehat; postmodum Neapolim petiturum, si resistat obsidione cincturum ac invitam ad deditionem redacturum.

Die XI venere Romam ex Corneto omnes levis armaturae equites, qui illic hyemarunt. Item ex diversis locis complura alia peditum vexilla. Item princeps Orangiae ac marchio Guasti cum pecunia. Item dictum est quod nefarius Caesaris exercitus in quartum aut quintum diem vasa colliget atque discedet in Regnum.

Item cognovi a Paulo Neapolitano centurione, quod Lotrechius in transitu Truenti interfecit ad tria millia Germanorum, multos Hispanos et magnum volonum numerum, qui ab Caesarianis pro ripa dispositi fuerant, amissis circiter tribus copiarum suarum millibus. Quo facto Hispani Germanique, qui Romae sunt, aliquantulum trepidare coeperunt, cum dispersum exercitum nunc primum cogere incipiant.

Die XII dispersum est primum Lotrechii agmen Aternum, quae Peschara est, pervenisse. Item vidi triginta ac tria vexilla

Italicorum peditum, qui Roma ex hybernis venerunt, ut omnis exercitus conjungatur; item nonnullas equitum levis armaturae turmas. Item audivi ab Calvo quod Caesareus exercitus in Brucios ire volens, ut Lotrechio occurrat, per Arietem deinde Aquilam iter faciet.

Hodie Germani concilium habuere, in quo decretum est ut singuli senos scutatos accipiant ex Urbeque in expeditionem exeant, et singulo quoque mense bina stipendia sibi dinumerentur, donec nomen conflatum deraserint penitus atque deleverint.

Die XIII dictum est quod levis armaturae equites et Itali pedites cras discedent ab Urbe, altero deinde partem Hispanorum peditum, altero reliquos omnes, altero vero totum Germanorum agmen. Hodie Germani secretum concilium habuere in palatio cardinalis Columnae, inexploratum habeo quid decreverint.

Die XIIII discessere ab Urbe Itali pedites et omnes Hispani levis armaturae equites, et praeterea multa vexilla Hispanorum peditum cum tormentis ac plurimis munitionis carris; discessitque cum eis marchio Vasti. Hodie Germani arcanum concilium habuere super profectione.

Accepi item a Calvo, quod ipse a Thoma Ruscha Novocomensi acceperat, Lotrechium die Martis proxime praeterito nondum Truentum transisse, sed tantummodo ejus primum agmen traduxisse, esse tamen in procinctu ut transiret cum omni exercitu, jactis tribus super flumen pontibus; de hisque rebus Neapoli Romam allatae sunt litterae ad Caesarianos duces.

Die XV dictum est omnem Caesareum exercitum perendie a Roma profecturum absque ullo dubio dixit Hieronymus Moronius, exercitus Caesarei primus consiliarius, Francisco Calvo quod cras discessisset, nisi quaedam impedimenta principi Orangiae objecta fuissent. Dixitque ille ipse Moronius eidem Calvo quod accepit a Pontifice litteras quibus significabat se haud dubitanter post octo dies ab Caesarei exercitus ab Roma discessu huc rediturum, velleque in fide data ac pace cum ipso Caesare inita perseveranter perstare, nec quicquam contra illius dignitatem machinari.

Germani hodie singuli senos scutatos accepere.

Die XVI in meridie factum est a tympanistis Hispanorum edictum, quo omnes pedites monebant ut cras pararent discessum ac commeatus in quatuor dies, quod idem Germani vesperi fecere; comparata est ab omnibus militibus magna commeatus copia.

Die XVII discessit ab Urbe omnis Caesaris exercitus per Portam Sancti Joannis, cum magno populi gaudio. Deinde, circiter vigesimam secundam diei horam, intravere Urbem milites Abbatini Farfae, qui res omnes Hispanorum, quae in ripa fuerunt, depraedati sunt, captis circiter centum et quinquaginta Hispanis; per Urbemque discurrebant proclamantes: " Franciam, Franciam, Ursum, Ursum, et Ecclesiam, Ecclesiam ,, pervestigabantque diligenter per Urbem an invenirent aliquem Hispanum aut Germanum. Quicumque inventi sunt, aut capti, aut interfecti; qui oppido quam pauci fuerunt. Gubernator, conservatores et auditor Campegii cardinalis, qui est propontifex, vagabantur per Urbem, quo quam minimum posset detrimentum ac malum fieret. Ductor Ursinorum militum fuit Amicus Ursinus. Item dictum est quod nocte proxima Abbatinus Farfae cum multis militibus cepit capitaneum Rodericum Hispanum, qui factus erat castellanus Hostiae, cum duobus canonibus bombardarum ad Manlianam, qui vehebatur navi ad Hostiam, interfecitque triginta Hispanos archiscopplettarios qui cum eo erant et omnes navicularios, quoniam nolebant petere terram navimque depressit.

Item coeptum est fieri aggeres ad Pontem Xistum ex mandato legati ac conservatorum, incerta de causa credebatur enim eos extrui, ut milites Abbatini, qui Urbi proximos esse constabat, vetarentur ingredi Romam, cum tamen ipsi, antequam perficerentur, occuparint intrare Urbem, ea re forte per agrestes cognita.

Die XVIII mane factus est magnus ad navalia tumultus quoniam milites Abbatini omnia turbabant, commiscebant, diripiebant, nam cum, pridie quam Caesareus exercitus ab Urbe recederet, venissent Neapoli circiter centum ac quinquaginta barchae, additis parvis ac majoribus, ex insperato hinc profectae sunt Caesaris copiae; nautae igitur, sibi timentes ne diutius commorarentur, vinum vili precio vendebant, sed non ita cito se expedire potuerunt, quin ab militibus Abbatini interciperentur. Cum tamen nautas eorumque res salvos esse voluerint, sed res Hispanorum ac Germanorum sibi tradi voluerunt ipsosque qui affuerunt. Reste suspensi sunt nonnulli ex populo Romano, quia illis immixti latrocinia nocte anteacta exercuerant, quod ipse Franciscus Suardus, Romae gubernator, conservatoresque fieri jusserunt. Dictum est quod milites Abbatini depraedati sunt res Hispanorum ac Germanorum preciosiores, ut aurum, argentum, margaritae sunt, quae attingeret summam XII millia aureorum, exceptis vestibus, peristromatis ac caeteris pannis.

Item audivi ab ipso Amico Ursino, cum essem ad navalia, quod classis Galliae praetervecta erat Hostiam, quodque comes Philippinus Doria cepit duodecim barchas, quae refertae erant Hispanis, qui discesserant Roma versus Neapolim, in quibus erant amplius quam centum et quinquaginta capsae plenae serico pannoque, quae illi secum asportabant, captivosque circiter ducentos fecerit, in quîs sunt centum, qui persoluta pecunia se redimere queant, caeteri autem illorum servi sint. Item cognitum est quod, proxima nocte, omnes furnarii Germani direpti sunt atque capti.

Item dictum fuit quod Abbatinus cum suis militibus non ingredietur Romam, sed extra praetergredietur, quoniam Campegius propontifex conservatoresque ad eum nuncios miserint, petentes ne gravioribus incommodis Romam patriam suam afficeret. Item, cum essem ad navalia, unum ex conservatoribus amico objicere audivi quod Urbem magna ex parte dirutam miserius afflixisset, quoniam commeatus his factis ipsis nautis insultibus ex Neapoli non amplius expectarentur. Cui ille non esse se in causa, nam tametsi id factum non fuisset, nihil esse tamen quod aliquid ex regno expectaretur, quia classis Gallica omnia vetabit, sed eorum vice ex Corsica magnum vini numerum huc confluxurum caeteraque, quae ora Genuae huc mittere solita erat, quare desinerent hoc nomine esse solliciti.

Item dictum est quod quatuordecim naves onustae audito adventu militum Abbatini retrocesserant, ex quibus una plena erat farinae, reliquae vini, misisse tamen conservatores ad eas qui nunciarent ut, deposito metu, huc advenirent, neque quippiam vererentur.

Die XIX sparsum est Caesarianos Romam redire, quoniam audita crudelitate, quae in nationes suas ab Ursinis exercita fuit, de populo Romano poenas sumere vellent, ad idque peragendum tria peditum millia huc destinare; cui tamen malo Campegium propontificem occursurum creditur.

Die XX dictum est Pontificem brevi Romam venturum, nec tamen cessavit rumor ille quod revertuntur Caesareae copiae, cum tamen veritas ea dicatur esse quod aliqua vexilla regressa sunt ad custodiam tormentorum, quae in itinere ob viarum asperitatem impedita fuerant.

Item quod Vallis Montonae ab Caesarianis expugnata fuit direptaque, crudelissime facta omnis sexus maxima strage; nam dominus ejus oppidi imposuerat ibi in praesidium ducentos archiscopplettarios, qui cum aliquantisper acriter pugnam sustinuissent, oppidani sibi timentes de deditione cum hostibus agere coeperunt, qui hanc occasionem nacti propter pugnam intermissam irruperunt omnesque, quos intus invenerunt, interfecerunt; sed cum ex praeda capti oppi[di] inter Hispanos ac Italicos [contentio] exorta esset, multi utrinque occiderunt. Item quod Germanorum plurimi in angustiis quibusdam locorum interfecti sunt a rusticis ea loca obsidentibus.

Die XXI intellexi ex Calvo, quod ipse ab Joanne acceperat cognomento Heremita, cardinalis Campegii prosecretario, qui pridie Ferraria venit, quod dux Ferrariae est neutralis, scilicet quod nec juvat Caesarem nec foederatos principes Lotrechii hortatu, juvissetque foederatos pecunia et militibus, ni per Pontificem stetisset, qui nec illi regnum redintegrare, nec filium cardinalem creare voluerit. Item cognovi ab eodem quemadmodum in expugnatione Vallis Montonae Joannes Baptista ejus loci dominus, hunc Sabellum esse credo, strenue oppidum aliquantisper defendit, deinde cum hostes vi essent introgressi, per aliquod etiam temporis spatium impigre pugnaverit una cum ducentis archiscloppettariis, quos ad locum defendendum sibi adjunxerat, postea cum defecisset animo, nec amplius impetum sustineri posse videret, dedisse se socero... Columnae, qui inter hostes militabat. Qui quidem cum una cum omnibus militibus salvum fecerit, cum tamen ex Caesarianis supra centum desiderati fuerint, in quibus ut strenuissimus quisque fuit ut signiferi, centuriones, manipularii, ita aut occidit aut graviter vulneratus discessit oppidum crudelissime direptum.

Die XXII audivi Germanos Caesarianos diripuisse Praeneste ac pleraque Columnensium oppida quae in itinere offenderint, nuncque esse circa Palianum, sed eorum plurimos fuisse interfectos ab ipsis rusticis, unde quippiam novi brevi enasciturum creditur.

Die XXIII dictum est quod exercitus Caesaris pervenit ad Sanctum Germanum et quod Lautrechus jam est ad Suessam. Item quod Pontifex accingitur ut se conferat Tifernum, ubi tamdiu commorabitur quoad omnis timor evanescet de reditu ad Urbem Caesarianarum copiarum.

Item eo die factae sunt supplicationes publicae et expurgata templa, quae coeperunt a Sancto Laurentio in Damasco usque ad Sanctam Mariam Majorem.

Item discessere duo vexilla peditum Abbatini, quae hic conscripta sunt sub ducibus Bochino Corso et Marsilio Neapolitano.

Die XXIIII dictum est Venetos classem suam revocasse; causam esse dicunt, quod ea fuerit in Sardinia una cum Andrea Doria ad eam devastandam. Ubi, cum pessimus aer sit, multi mortales ex ipsis classibus pestilentia absumpti fuere, quare Doriam regressum esse Genuam, ut classem instauraret, hancque eamdem causam fuisse Venetis revocandi suam. Item Rentium Caeritem fatali morte defunctum esse.

Item audivi a Calvo quod ipse a Lampugnano, cui nummos locationis domus persolvit, quod ejus frater, qui Lugduni negotiatur, ad eum scripsit quemadmodum Ferdinandus, fugato Vaivoda, XV millia Germanorum peditum ac quatuor millia equitum in Italiam destinat, quod tamen falsum esse opinor.

Die XXV dictum est exercitum Caesareum accepisse grave incommodum a Lotrechio, amisisse enim circiter quadringentos pedites, nam cum Joannes Dorbinus jussisset omnes pedites relinquere foeminas caeteraque impedimenta, ipse expedito exercitu aggressus est Lautrechi copias, quae cum illius adventum praecognovissent, insidiis collocatis eos exceperunt, magnoque cum dedecore rejecerunt, hocque praelium dicunt fuisse non longe a Capua.
Item quod XX hujus mensis die Lautrechius castra posuerat in conspectu prope Neapolis, incusso maximo terrore populis, quare de deditione eos cogitare.

Die XXVI vulgatum est Hispanos [et] Germanos maximam inter se contentionem excitasse, in qua multi ex utraque parte occiderint. Item quod Fabricius Maramaldus transiit ad Gallos cum omnibus suis cohortibus; quod idem Germani facere cogitant. Item quod omnis Caesareus exercitus habet castra ad Sanctum Germanum.
Hodie Jacobus Antonius, Calvi servus, transfixit sibi pedem sinistrum clave admodum grandi.

Die XXVII nihil omnino novi intellexi. Item Joannes Briton, ex dyocesi Venetensi, coepit Francisco Calvo pro coquo operam suam praestare, pactis pro ejus mercede menstrua octo karlenis, quos ipsemet ultro petierit, quod tamen mirum non est.

Die XXVIII audivi a Calvo quod Romani mittent proxima hebdomade oratores ad Pontificem, ex quibus unus est Raphael Casalius, ad tractandum de re frumentaria, supplicatumque ut, quam celeriter fieri possit, ad Urbem se conferat.

Die XXIX dictum est Aquilam Hispanis rebellasse impulsu episcopi filii comitis, qui cum trecentis circiter archiscopplettariis eo intrarit insigniaque Francorum populo proposuerit, cujus authoritatem secuta sunt circumstantia oppida atque castella, unde aliquid brevi magni successurum creditur.

Martius.

Kalendis venere Romam duo vexilla archiscoppletariorum peditum, et circiter quinquaginta levis armaturae equites ex Urbe vetere ad custodiam Urbis, qui dixerunt quod hebdomade sequenti conferet se Romam omnis aula; Pontifex autem absens erit cum duobus tantummodo cardinalibus ibitque ad sacratissimum Divae Mariae Lauretanae templum, quod in calamitate sua voverit.

Die II dictum est quod Lautrechus amisit circiter ducentos equites, namque ipsi iverant in quoddam oppidum, et superventu Hispanorum ipsi se extra receperant interque retrogrediendum illi sunt amissi. Quod tamen non magnopere est confirmatum, nec certo authore divulgatum. Item quod jam tres aguntur dies quod Urbinas et marchio Sallutiarum moverunt castra, ut se conjungerent cum Lautrecho, quo deinde junctis copiis ulterius progrederentur in regnum Neapolitanum.

Die III discessere ab Urbe oratores Senatus Populique Romani ad Pontificem, nonnulla a Pontifice petituri, sed haec duo in primis: ut prospiciatur de frumento, deinde ut ipse, quam celerrime possit Romam se conferat. Item audivi quod exercitus Gallicus et Caesareus castra inter se propius faciebant, unde creditur quod brevi congredientur. Item quod hac hebdomade aula Romam se conferet, Pontifex vero Tifernum, ibique paulum commoratus Romam et ipse. Item quod Lautrecus erat ad Garilianum trans videlicet, Caesariani vero cis, summaque ope nitebantur ut transirent, quod tamen non possent.

Die IIII dictum est Hispanos cum Gallis in transeundo Liri conflixisse, eorum primum agmen in fugam vertisse, cui praeerat Guido Rangonius, quod falsum esse post paulo cognitum est. Quinimo contra audivi a Petrasancta, brevium scriptore, populum Neapolitanum insurrexisse contra Hispanos, quosque comprehenderit interfecisse, caeteros in arcem confugisse, hujusque rei ille authorem ferebat hominem qui ex Caesarianis castris Romam venerat.

Item audivi a Nicolao Judeco Lautrecum Appuliam versus iter cepisse, pretergressumque Beneventum, illud in deditionem accepisse, praesidioque optimo firmasse, quod argumentum est hoc bellum diutius duraturum, et praesertim quod Lautrecus differet praelium ut detur tempus classi ad instruendum atque armandum, cum ardentissimis animis Caesariani pugnam sibi deposcant remque in aleam fortunae vocent.

Die V audivi quemadmodum ea res, quae heri fuit passim divulgata, ita se habuit, quod Galli in transeundis quibusdam angustiis ad Ciprianum ab Hispanis equitibus fuere impetiti, ubi congressi dicitur Gallos amisisse circiter quadraginta equites, reliquos incolumes ad unum omnes evasisse.

Die VI, circiter horam lucis, civitas coepit trepidare in armisque esse, quoniam dicebatur advenisse filius cardinalis Pharnesii cum duobus millibus peditum et ducentis equitibus et nonnullis levioribus tormentis. Stetitque civitas tam diu trepida quoad veritas cognita est; nam dispositae sunt custodiae ad portas, illa duo vexilla quae ad Urbis custodiam missa sunt in armis pro muris fuere multique ex populo idem fecere. Res autem ita se habuit quod cardinalis Pharnesius ex quibus alius, major videlicet natu, nomine Petrus Alvisius, moeret cum Caesarianis, alter vero faciebat stipendia sub Pontifice, nunc autem cum foederatis principibus, quem Ranutium nominant. Cives autem eum cum audissent filium esse Pharnesii, crediderunt eum esse qui Caesari operam navat, unde cum venisset usque ad Crucem Montis Marii, quae Urbi imminet, sine aliquo nuncio praemisso, Urbs valde trepida fuit, portae omnes clausae, equites in armis esse. Sed dux ipse progressus cum paucis equitibus, qui Galeacius vocabatur, cognatus Pharnesii, qui militabat cum foederatis, evocavit praefectum arcis petiitque ut pateretur se ingredi, si nollet omnes, cum viginti equitibus, se non venisse ut cuipiam noceret nec ex suis quemquam alicui molestiam facturum, se tamen ingressurum, jussurumque ut reliqui sui milites ad Pontem Mollum transirent, nec Urbem ingrederentur, misso tamen ad illos victu, quo eo die vivere possent, postero deinde die discessuri. Itaque factum est; cum tamen prius vulgatum esset filium Pharnesii esse ad Insulam praemisseque nuncios, qui afferrent se venturum in Urbem, velleque ad discretionem (ut loquuntur) diversari. Plurimi tamen peditum, cum cognitum est eos amicos esse, ingressi sunt ad emendos commeatus aliasque res necessarias.

Die VII discessere milites qui heri Romam venerant. Item accepi a Calvo, quemadmodum verissimum esse cognitum est atque adeo confirmatum quod Galli ceperunt Beneventum, amissis tamen ducentis fortissimis equitibus, sed cohors marchionis Vasti omnis concisa, capta atque dissipata fuit. Item quemadmodum exercitus Caesareus est in maxima penuria commeatus, Galli vero in magna copia ob captum Beneventum, quae rebus ad victum pertinentibus valde abundat.

Die VIII confirmata est ea res de Lautreco, quod scilicet cepit Beneventum sine certamine, cum Hispani et ipse contenderent de praeoccupando loco; sed Lautrecus, praemissis tribus vexillis, ante ceperit, quare nunc imminet cum exercitu Caesarianis copiis, quas, speratur, omnibus commeatibus brevi intercludet. Item quod Hispani penuria commeatuum receperunt se Caietam, Germani vero ad vicinum quoddam Caietae oppidum.

Die IX audivi ducem Albaniae esse ad Astam cum octo millibus Helvetiorum pluribusque aliis militibus hucque appropiare. Causa est quod cum Lautrecus cum Hispanis confligere decreverit, si sors forte illi detur adversa (ut sunt varii praeliorum exitus), hi recentes illos defessos excipere possit.

Die X audivi a quibusdam plebeis hominibus quod Philippus Senensis, is scilicet qui in bello Columnensi propter quaedam scelera a Pontifice eliminatus atque in exilium pulsus fuerat, volui[t] se astringere quod opera sua rubeum frumenti sex aureis tantum venderetur, quod Romani insolentes (ut est hominum ingenium) sunt aspernati, ut quod ipsi triticum tenent quantum libet, et pro insatiabili eorum cupidine vendant. Item quod gubernator Romae vult abdicare se magistratu propter item insolentiam istorum Romanorum, qui nudiustertius ejus nepotem ante januam interfecerunt. Item quod Pontifex vult conferre aulam omnem Bononiam, ibique sedem suam sibi constituere.

Die XI dictum est Lotrechium esse cum exercitu ad Fogiam, oppidum Apuliae, ubi de more vectigalia mercatores pendere solent. Item Hispanos esse ad Beneventum, nec verum esse quod Galli id ceperint, eosque ab Lautreco distare circiter triginta milliaria.

Die XII vulgatum est Petrum Navarram complures ex Germanis interfecisse ad Serram, Neapolitani regni oppidulum, seque medium interposuisse inter Hispanos et Germanos. Item quod Rota et Cancellaria sequenti hebdomade Romam veniet, cujus rei missi sunt nuncii ex aula.

Die XIII intellexi Lautrecum habere in potestate sua Aquulam et Sulmonem, quae ei deditae sunt, misso duntaxat tubicine. Item quod Lautrecus a Truento usque ad Fogiam, ubi nunc castra habet, omnia in itinere recepit, nullo prorsus amisso milite, nec evaginato ense, cum se omnes sua sponte dederint odio Hispani imperii.

Die XIIII, cum exirem domum, incidi in Baptistam Castellum, poenitentialium rerum scriptorem, qui, me a longe salutato, dixit se bonum nuncium ab aula accepisse, redditas enim esse sibi litteras, quibus significabatur quod hodie in Urbe vetere Cancellaria habebatur ultima, qua peracta omnes officiales curialesque accincturos se ut Romam veniant, hebdomadeque proxima omnes hic affuturos. Item quod Pontifex non discedet ab Urbe vetere, donec aliquem successum eorum exercituum, qui in regno Neapolitano sunt, videat, sperari tamen ut conferat se Romam sacra hebdomade. Item quod brevi dux Mediolani se ad Pontificem conferet, venisse enim eum ad visendam atque colendam ac adorandam Divam Mariam Virginem Laureti, indeque creditur ad Pontificem venturum, ut sacros ejus pedes exosculetur.

Die XV dictum est exercitum imperialem castra posuisse in ripis fluminis, quod Barletam praeterfluit, Lautrecum vero ad Sanctum Severum legiones duxisse, ut impediret ne Caesariani vectigalia Apuliae exigerent, quae sunt ad centum millia nummum aureorum. Hujusque rei authorem habeo Franciscum Formentum mercatorem, qui heri vesperi litteras accepit ab Alexandro, a secretis Hieronymi Moronii, in quibus etiam praeter caetera illi significabat quod, sequenti die quam litterae datae essent, castra erant moturi, ut res Apuliae ipsi praeoccuparent, quod commodo fieri posset.

Die XVI audivi ex nepote (ut nunc loquuntur) vicarii Pontificis quod cardinalis Gonzaga Romam ex aula venit; hic ille est quem antea Monsignorinum Gonzage nominabant. Item quod veniet hac hebdomade Romam Cancellaria et Rota, et omnes officiales curiae cum cardinale Sanctorum Quatuor. Item hodie disturbata sunt atque diruta omnia aedificia, quae in Palatio Vaticano supra Pontificis habitationes atque cubicula erant extructa, factumque id imperio Pontificis, qui huc nuncios hac tantum de causa ad legatum misit; creditur hanc ob rem eum hoc excogitasse ne aulici illic habitare possint, ut conducentes domos in Urbe Romanis hac ratione ex locatione et restitutione domorum commodetur, immissique sunt ad id peragendum milites qui in arce custodiam agunt, ut negotium celerius conficeretur.

Die XVII Calvus mihi renunciavit quemadmodum audivit ex quodam medico Novariensi amico suo, qui venit Romam Neapoli cum cardinali Matherae, hic est qui prius erat archiepiscopus Matherae, utebaturque summa familiaritate cum cardinale Pisano, quod res Hispanorum tendebant in ruinam, nam Lautrecus eos expulerat ex Troia cum magno eorum dedecore et colonellus Fabricii Maramaldi seditionem excitaverat, objiciens quod Germani Hispaniqne multa stipendia habuisse, se vero ne unum quidem obolum, quare ceperant omnia exercitus totius impedimenta apud seque ea detinebant, quamobrem citatis equis Fabricius Neapolim festinavit, ut aliquam rationem viamque inveniret cogendae pecuniae, ut militibus suis satisfaceret, ad quam inveniendam difficillimum exitum inveniri.

Item ab eodem Calvo accepi, quod deinde vesperi audivit ex Francisco Frumento Hispanos Beneventum recuperasse, quod superioribus male consentiret, si verum esset. Item quod dux Urbini et marchio Sallutiarum in itinere sunt ad Neapolim faciendo cum decem millibus peditum, pluribus equitum utriusque armaturae turmis cumque magno tormentorum numero.

Die X[V]III audivi Vespasianum Columnam fato functum esse, hocque fuisse in causa quod cardinalis Gonzaga venerit Romam, ut Vespasiani uxorem, quae ejus soror est, viseret atque consolaretur; unde illius adventu temere excitatum est aulam venire Romam.

Die XIX cognovi plane quae jactata sparsaque sunt de reditu aulae in Urbem vana esse, nam nec eam venire, nec Pontificem in praesentia huc cogitare intellexi, quinimo si Caesarianis fortuna certe iniqua faveret, Avinionem migraturum cum omni curia. Item quod Vespasianus Columna, cum ex humanis excessit, legavit Pallianum Sedi Apostolicae Pontificibusque, ut jure suo eis in eo uti liceret nullo impediente.

Die XX dictum est quod Neapolitani inauthoraverant ex populo duo millia archisclopettariorum pro ipsius urbis custodia, in causa fuit quod princeps Orangiae, cum petiisset ab eis multa millia nummum aureorum, ipsique denegassent se eos persoluturos, comminatus illis sit direptionem; unde Neapolitani, ejectis ex civitate omnibus Hispanis, quibus in armis jus esset, responderunt se esse fideles subditos Caesaris, tamen velle ut res in apertis campis cum hoste gereretur, nolleque pati eas ruinas et ea incommoda, quae passa est Mediolanum et Roma. Item quod Pontifex misit milites praesidiarios ad Pallianum. Item quod Vespasianus reliquit eum tutorem bonorum suorum. Item quod classis adventat ut invadat Neapolis oram. Item quod dux Urbini cum decem millibus peditum properat in regnum.

Die XXI allatae sunt litterae Romam ex aula Pontificis quibus significabatur pro compertissimo Ferdinandum profligatum esse cum omni exercitu a Vaivoda, unde sublatam esse spem Caesarianis auxiliorum ex Germania, quoniam Ferdinandus rerum suarum satagit. Item quod, ut vulgo dicitur, nepos Alarconis captus est apud Hostiam ab Andrea Doria. Item quod idem Andreas volebat oppugnare Civitatem veterem.

Item a prandio Calvus audivit ex Joanne Heremita, Campegii legati a secretis, quod res Gallorum sunt in maximo discrimine, nam eos esse circumclusos in Troia atque Sancto Germano, imperialemque exercitum eos fere obsessos tenere. Item quod novissime exierunt ex Neapoli quinque millia peditum nova, quae iverunt in auxilium Caesarianorum. Item quod Urbinas erat in itinere, ut iret ad se conjungendum cum Lotrechio, sed in ipso itinere accepisse litteras ab senatu Veneto, quibus jubebant ut rediret cum omni equitatu, misisse tamen Urbinatem ad mille et quingentos pedites admodum imbelles, quos habebat, ad Lautrecum. Dies procellosus fuit, terque cum magno vento vehemens demissa grando, similior tamen nivi.

Die XXII dissipatum est Andream Auriam velle oppugnare Hostiam, Populusque Romanus missurum illuc terra auxilia, quia praesidiarii milites ejus loci non sinunt libere subve[h]i commeatus Romam.

Item quod Urbinas rediit in Insubres cum quinquaginta circiter equitibus; caeterum ejus exercitum tendere ad se conjungendum cum Lotrechio. Item quod exercitus Caesareus est ad Troiam et Manfredoniam, Lotrechii vero copia esse ad Sanctum

Severum et Fogiam et caetera circumvicina oppida distareque alteros ab alteris circiter octo millia. Item quod princeps Salerni eduxit ex Neapoli circiter quatuor millia peditum nonnullaque tormenta, ut iret in auxilium Caesarianorum. Item quod ad duo millia Germanorum Caesarianorum in quadam pugna erant partim occisa, partim spoliata et capta.

Item quod rex Christianissimus Francorum misit oratorem armatum lorica ad Caesarem quaestum injurias repetitumque filios et uxorem quos injuria tenebat, deinde ut liberare[t] Pontificem et ne amplius Ecclesiam premeret, tum ne vellet immoderata ejus regnandi cupidine Christianorum sanguinem tam late effundi, quod nisi faceret crudelissimum magis nunc quam antea bellum illi indicere. Quibus Caesar ita respondit, se ejus uxorem et filios jure detinere, Pontificemque liberasse et Ecclesiam, quod tamen ab eo sit postulatum, quando ipse id faciendum praeoccupasset, nullumque verbum eum fecisse donec prius libertati ille sit restitutus, dolere autem quod Christianorum sanguis effundatur, quod tamen eveniat ob illius in bello sibi inferendo injuriam, quod ipse cogatur ab eo se defendere; quod autem bellum crudelissimum sibi indicat, se ventosa ejus verba non formidare, habiturosque eosdem defensores sui, quos hactenus habuisset. Postremo dixisse oratori quod caeteris omissis referret Regi suo velletne quod ei antea significasset, at orator ignarus quid id esset, rogavit Caesarem quid illud esset, cui Caesar se satis superque de ea re Regem Francorum certiorem fecisse; ita discessit orator. Existimant autem homines quod hoc quod Caesar regi Francorum secreto denunciarit est, velitne singulari certamine cum eo congredi; quod tamen haud verisimile est, cum Rex ipse multum praestet ipsi Caesari et viribus et exercitatione pugnandi.

Item nonnulli dicunt quod Troia fuit capta ab Hispanis vi. Item quod marchio Vasti ivit de prima aurora cum omnibus Hispanis peditibus, quorum ipse ductor est, adjunctis sibi omnibus fere levis armaturae equitibus ad Sanctum Severum ut eum caperent, ubi erant Galli, qui cum prope oppidum pervenisset, displosis quibusdam archisclopettis, ut signum redderetur ab ii[s] qui intus erant, qui proditionem moliebantur, non enim redditum illis signum, unde illi, subesse aliquid insidiarum veriti, propere redierunt; alii dicunt quod ulterius progressi et multi ex iis caesi sunt, et cepisse oppidum, et in foro maximum fuisse consertum praelium, unde postremo maxima cum ignominia ejecti fuerint et complurimis amissis quam celerrime potuerunt ad Troiam reversi sunt.

Die XXIII audivi quod die quarto aprilis exiguntur vectigalia pecudum in regno Neapolitano. Item quod cardinalis Columna praefectus et in eodem regno bello gerendo, quod mihi maxime durum videtur, cum ibi sit Ugo Moncada, prorex Neapolis ac totius regni. Item quod Civitas vetus tenetur ab Dorianis militibus, oppidum scilicet una cum portu, arx vero ab Hispanis, qui illic circumsessi sunt. Item quod Octavianus Spiritus etiamnum tenet Viterbium nomine Caesaris, nec voluisse unquam id Pontifici restituere. Hic autem Octavianus est dux et caput factionis Columnensis Viterbii, sed si fortuna Gallis secundo aspirabit numine, quod Dii faciant, dabit sane pertinaciae suae poenas.

Die XXIIII constanti fama affirmatum est Hispanos fuisse fusos atque fugatos apud Troiam; alii pro eorum voluntate aiebant omnem exercitum fere caesum esse, alii quemadmodum dictum est ab legato dicunt eos amisisse circiter octingentos equos levis armaturae, et ad duo millia Hispanorum peditum una caesa fuisse. Item quod princeps Salerni, qui auxilio veniebat Caesarianis cum quatuor millia peditum et nonnullis tormentis, a Gallis esse interclusum, ut necesse sit illi redire. Item hodie audivi a Thoma Ruscha Novocomensi... (*sic*).

Die XXV dictum est non esse verum Hispanos fugatos esse, sed ita rem se habere, quod cum Caesariani exercitus duces audissent marchionem Salutiarum adventare cum satis firma militum manu, veriti ne occuparet loca quaedam commeatibus valde opportuna, ut Manfredonia, quam credo eam esse quae latine dicitur Sypus, et Nuceria, propere illuc miserunt validas peditum cohortes equitumque turmas complures, quae illic in praesidio essent. Quo comperto Lautrecus per exploratores et transfugas

Caesarianasque copias multum imminutas esse intelligens, confestim exercitum duxit contra Caesarianos, unoque die venisse apud eos prope duo millia, ut altero cum eis confligeret, quod illi sentientes, conclamatis vasis, fugientes magis quam proficiscentes, in oppidum Troiam se receperunt, quos Lautrecus insecutus multos cecidit, reliquos vero intra oppidum circumvallare conatur, ut vel abjectis armis deditionem faciant, vel maxima cum iniquitate praelium capessere cogantur. Unde creditur quod, cum res huc deducta sit, brevi ejus exitum nos visuros. Item quod Romani decreverunt, cum primum Lautrecus potitus erit victoria, statuam illi in Capitolio erigere ob debellatos Ecclesiae eversores.

Die XXVI intellexi ab Catanaeo quemadmodum res se habet de fugatis Hispanis ab Lautreco, quae ita est. Dicitur Lautrecum cum audisset exercitum Hispanorum ob missa tria peditum millia ac quingentos equites ad occupandum quaedam loca commeatibus idonea esse comminutum, prope eos castra fecisse bisque instructa acie ad praelium invitasse, quod illi cum aversati essent, Lautrecus decrevit omnino eos allicere ad certamen. Itaque omnia tormenta traduxit in quamdam partem ubi nunquam se ostenderat, ibique quam potuit latenter et secreto ea occultavit, post ipsa tormenta locavit firmam peditum et [e]quitum manum, ante vero misit circiter quingentos equites, qui usque ad castra hostium irent, vocibusque et ferocia illis insultarent, fore enim (ut accidit) ut illi tam insignem contumeliam non aequo animo ferrent, egressurosque ac cum illis manus collaturos, deinde sui paulatim ac sensim retrocederent usque ad locum insidiarum, deinde factis in diversas partes alis, hostes insequentes in medio relinquerent, in quos statim tormenta disploderentur, statimque in eos perturbatos omnes irruerent. Imperata miles exequitur ac ita, ut Lautrecus crediderat, evenit; nam Hispani emissis omnibus equitibus, deinde tria millia peditum eos subsequi jusserunt, quorum plurimi archisclopettarii erant. At Lautreciani retrocedendo pugnandoque tempus terunt; at Hispani insidias subveriti substiterunt, cum tamen ad locum insidiarum appropinquassent, unde Lautreciani, ne Hispani immunes discederent, alas (ut jussum erat) faciunt tormentaque statim in Hispanos emittuntur, deinde fit in eos ab Lautrecianis impressio, qui erant perturbati ac in fugam versi, quod cum illi qui erant in castris conspexissent, ne ad ultimum certamen adducerentur, relictis castris in Troiam confugiunt eoque omnes confluunt. Lotrechius vero eo die, ubi Hispani stativa habebant, castra fecit eosque in Troia inclusit. Verumtamen Hispani minus detrimentum passi sunt, quoniam usque ad locum insidiarum elici non potuerunt. Nunc autem eventus brevi expectatur totius belli postquam res in summum deducta est.

Item cognovi ab eodem Catanaeo Romanos, post consecutam ab Lautreco victoriam, decrevisse ei erigere statuam arcumque triumphalem more antiquorum in Capitolio. Item audivi a Petro Federino quemadmodum heri accidit quod eques levis armaturae, patria Bononiensis, ex iis qui Caesarianos sequuti Romam venerant, restaverat Romae ob nonnulla sua negotia, apud quemdam Romanum, cum quo illi summa familiaritas intercedebat, isque Romanus, post auditum hujus victoriae Lautreci nuncium, duxit spatiatum extra portas illum equitem cum nonnullis aliis Romanis, eumque ibi interfecerunt atque spoliarunt.

Die XXVII audivi hodie a quibusdam Romanis inventum esse quendam Hispanum militem in Sancto Jacobo Hispanorum, ductumque ab iis fuisse in domum suam apud Sanctum Salvatorem Lauri, ibique ab iis torqueri, innexis circa caput strictoribus, illumque vestitum esse casacam veluti et thorace damasci et calcibus purpureis, dixisseque illos Romanos velle paulo post eum ducere ad Pontem Xistum, velleque eum inde in flumen praecipitare, posteaquam optime fuerit tormentis distractus.

Item accepi a Petro Cursio, poeta nostri temporis celeberrimo, qui direptionem Romanam carminibus mandavit incorruptis litterarum monumentis, jam agi quintus decimus dies posteaquam M. Antonius Casanova e vita excessit, quasi miseriis et egestate oppressus, relictis pluribus liberis, cum haberet in annuo reditu circiter quingentos aureos. Et quod hodie agitur quartus dies quod Maro defunctus est apud quendam popinatorem, qui creditur necessitate interiisse, cum etiam satis dives esset. Uterque nostri temporis praeclarissimi poetae, sed alia via: Casanova cudendis ingeniosissimis epigrammatis; Maro vero ornate et ingeniose ex tempore dicendo, quacumque oblata de improviso materia, adeo ut ipse unus esset hujus nostri saeculi in ea re inauditum miraculum, quod sane de nullo antiquo (quod meminerim) legitur apud quempiam authorem.

Die XXVIII fuere suspensi ad Curiam Sabellam tres Romani, ex quibus erant duo fratres ex familia Capharorum, qui satis divites erant in regione Transtyberina, alter vero erat pharmacopola. Qui quidem ante circiter dies (*sic*), dum transirem apud Pontem Xistum, me longe insecutus est, cum ego non animadverterem, secumque habebat socium, qui quidem arrepta penula interrogavit me cujas eram, auditoque meo sermone, sic locutus est: " Abi, abi, credebam te esse Hispanum, qui si fuisses nunc, nunc te interfecissem „. Posteaquam autem comprehensi sunt, fassi fuerunt se centum et quinquaginta esse, qui decreverant et constituerant evertere occidendo, diripiendo, vulnerando omnes artifices Romae, quia sciebant eos plurimam pecuniam possidere, ut popinatores, pistores, caetarii et reliquos id genus.

Die XXIX dictum est venisse in auxilium Hispanorum sex millia peditum et quingentos equites, quod quomodo fieri potuerit, non sane dispicio, nisi forte per aera venerint, cum Hispani nec habeant nummos, quibus sibi milites comparare possint, et studia hominum sibi ita alienarint, ut nullus omnino esse videatur, qui eorum partes sequi velit, nisi illis ita sit astrictus, ut secus facere non possit.

Die XXX, mane, vulgatum est constantissimo rumore Hispanos fuisse fusos atque fugatos apud Troiam, Apuliae oppidum, occidisseque in eo praelio circiter octo millia peditum Caesarianorum, interfectumque principem Orangiae, Alarconem vulneratum esse archisclopetti ictu in ventre captumque. De duobus qui sit captus in incerto est, an marchio Vasti, Joannesne Dorbinus. Esse tamen in ambiguo qui fuerint in primo agmine, Germanine an Itali, quoniam constat id totum caesum fuisse verisimiliusque videri fuisse Germanos, mortuo praesertim principe

Orangiae qui eos ducebat. Italos autem misisse ad Lautrecum nuncios, si vellet, in ejus partes transituros; cui Lautrecus respondit se nolle eos pro militibus in exercitu suo, sed si vellent discedere abjectis armis id eis licere, sin aliter servirent modo fideliter Caesari suo, ut enim secus faciat animum inducere non posse. Item quod reliquiae Caesarianorum partim Barletam concesserunt, partim quae ad quinque millia peditum erant voluisse ingredi Neapolim a populoque exclusos fuisse, partim Caietam versus iter cepisse, Lautrecumque illis instare plurimum. Rationemque istius praelii ita se habere dicunt, cum Lautrecus compulisset Caesarianos in Troiam, muros civitatis valde tormentis die nocteque quassabat, eoque ventum erat ut Lautrecus vellet oppidum adoriri. Quod cum Caesariani sensissent, diruto muro ab aversa parte qua Lautrecus oppugnabat, ut instructo agmine egredi possent, praemiserunt omnia impedimenta, deinde exercitus sequutus est. Quod, cum Lautrecum haud fugeret, de industria eos egredi passus est, dein, facto in eos impetu, adortus in fugam vertit, facta magna caede quacumque irent. Item hic rumor de fugatis Caesarianis vesperi refriguit, Thomas enim Ruscha venit ad Calvum, qui dixit se vidisse litteras, Neapoli triduo ante datas, in quibus scriptum erat quemadmodum Caesariani profugerant ex Troia incolumi exercitu, relictis tamen impedimentis amissisque perpaucis, ad Beneventum, Ugonemque Moncadam misisse ad eos quatuor peditum millia cum multis tormentis; praeterea quod in eo certamine, quod paulo ante factum fuerat, caesam, fugatam, dissipatam cohortem equitum Ferrandi, fratris marchionis Mantuae, cum nonnullis aliis, esseque amissos ad quadringentos equites et octingentos pedites, cecidisseque in eo certamine, ex parte Caesaris, principem Melphi, qui credebatur esse princeps Orangiae, nihilque aliud novi illic esse, existimari tamen Caesarianos vel Neapolim, vel Caietam se recepturos, ut si mittantur a Caesare auxilia per classem ea sine ullo impedimento possint excipere. Ferebant autem authorem Caesarianorum fugae veredarium, qui heri ad noctem ad comitem Nicolaum Tolentini venit, qui statim hac re nunciata ab legato missus est ad Pontificem in Urbem veterem.

Item Basilius Ferrarius, Mediolanensis mercator, qui paucos ante dies venit Mediolano, hodie litteras accepit Mediolani datas, quae eum certiorem faciebant quemadmodum Antonius Leva erat ad Melfum et circumvicina loca ut subsidio esset Leco, quod oppugnabatur ab Joanne Jacobo Medisio. Item quod milites sanitatis, id est Venetos, nunc tandem obliti sanitatis, gloriam potiorem habent; nam factis cum hostibus pluribus levibus praeliis eorum res semper superior fuit. Item in his litteris additum erat post scripta quemadmodum postremo Antonius Leva non potuit suppetias ferre Leco, unde existimatur captum esse, ipsumque Jacobum iturum ad obsidendum Comum. Item accepi ab eodem Basilio quemadmodum Mediolani est incredibilis solitudo hominumque raritas, non tamen tanta quanta nunc Romae est.

Item hodie discessit unum vexillum peditum hinc, quod erat missum a Pontifice ad custodiam Urbis, Viterbium versus, cum paulo ante aliud (duo enim missa erant) iverit ad Pallianum ad ejus custodiam, nam Pontifex vult capere Viterbium, quia ex dignitate ejus non est pati ut ibi Octavianus Spiritus, homo factiosus et facinorosus, maneat teneatque oppidum nomine Caesaris.

Die XXXI nihil aliud dictum est quam quod Hispani se receperunt Beneventum, quos Lautrecus tamen insequitur, adeo ut brevi eventum totius belli simus visuri.

Aprilis.

Calendis, quae fuerunt die Mercurii, dictum est proxima nocte venisse ab exercitu Lautreci veredarium, qui nunciavit legato, quod Caesariani, dum exierunt Troia, reliquerunt maximam partem impedimentorum, amiseruntque circiter tria millia peditum, et quod Alarconi ablata est coxa ictu tormenti, reliqui vero se receperunt Beneventum. Item quod Octavianus Spiritus, audito apparatu Pontificis, ut Viterbium reciperet, descendit ad conditiones tradendi Viterbii, qua causa confert se ad Urbem veterem.

Die II dictum est venire ex Hispania quatuor peditum millia Hispanorum, ex iisque nonnullos jam appulisse Caietam. Item mitti gravem pecuniam a Caesare in Italiam ad persolvendum exercitum et ad novos conscribendos milites. Item aut esse in itinere, aut accingi ad iter proregem Neapolis, qui creatus est a Caesare, cujus vice Ugo Moncada post mortem Lanoi functus est; estque ex praeclara Hispanorum principum familia, esse enim ex familia Mendociorum. Item quod amplius quam sexaginta quadriremes, quas vulgus galeras vocat, armantur a Caesare in Hispania, Carthagine et caeteris in locis maritimis, ut transmittantur ad bellum Italicum.

Die III rediit Romam vexillum illud peditum, quod cum aliis ad oppugnandum Viterbium evocatum fuerat paucis ante diebus.

Item dictum est Lautrecum vi pugnando cepisse Melphum, civitatem opulentam Appuliae, trucidasseque omne praesidium quod intus fuerat, quod erat ad mille et quingentos pedites. Item quod Caesareus exercitus habet castra ad Tripaldam oppidum, quod distat ab Neapoli sexdecim millia passuum, ubi quondam fuit consertum atrocissimum praelium a Magno Capitaneo cum Gallis.

Die IIII, quae mihi certe felicissima illuxit, cum exirem domo una cum Calvo, ut viseremus templum Divae Mariae Populi, ecce duo nummularii nomine Calvum ad se vocarunt, reddideruntque nostrum utrique litteras ab Evangelista Tarrasconio, mihi certe summopere expectatas. Item a prandio ivimus ad ipsum illum trapezitam, qui mane nobis litteras reddidit, qui est ex mensa Altovitorum, deditque viginti scutatos nomine ipsius Evangelistae Tarrasconii, pollicitusque est equum quando me ad Urbem veterem conferam. Item nonnulla quae ad vestiarium pertinent mihi facienda curavi. Item confirmata sunt ea quae heri de expugnatione Melphi vulgata fuerunt.

Die V dictum est quod Caesariani recognoverunt exercitum apud Beneventum, quodque rationem subduxerunt deesse quinque millia hominum ei summae, quae fuit quando ab Urbe recesserunt. Item quod illi ipsi sunt ad Beneventum et quod Ugo Moncada se cum illis conjunxit, quibus attulit in subsidium tormenta multa et multos pedites tumultuarie tamen conscriptos.

Die VI percrebuit Caesarianum exercitum fuisse dissipatum, unde Neapoli maximam fieri trepidationem universamque civitatem inde fugere. Nam Hispani exercitus pars est Nolae, pars Capuae, pars vero Aversae, timerique vehementer ne intra Neapolim sese recipiant, et quod de superioribus acceptis detrimentis major est res quam ipsa fama. Quae omnia nunciaverunt quidam mercatores, qui heri vesperi Neapoli Romam venerunt profugeruntque ex iis tumultibus. Item a prandio intellexi Caesarianos recepisse se prope Neapolim ad quinque millia, ibique, cum castra locarent, supervenisse primum agmen Lautreci cum illisque manus conseruisse, quod Hispani non parvo detrimento cum summovissent, et media Lautreci acies adest, quae eo fudit atque profligavit victoresque eodem victoriae cursu Neapolim tendere vociferantes, ut ea civitas praedae militibus detur. Item vesperi cognovi a Calvo quod haec res modo narrata falsa est, verumtamen esse Hispaniensem exercitum castra quinto ab Neapoli milliari mettatum esse eoque in loco se communire, ut ibi Lautrecum expectent, venisseque ex Sicilia Neapolim quatuor onerarias naves frumenti, quod si verum est Neapolitanis de caritate annonae timendum non est. Item venit Vincentius, pernecessarius Francisci Frumenti, ex Centumcellis, quem cum Calvus eum adisset, ut aliquid novi ab eo expiscaretur, dixit nihil aliud esse quam quod Andreas Auria superioribus diebus contulit se in Galliam ad Regem ob quandam controversiam, quae ei intercessit cum Rentio Caerite, propter eam expeditionem quam in Sardina fecerunt, rediisseque nunc Genuam brevique expectari ut Neapolim versus excurrat.

Item hodie me ab omni labe criminis expiavi, confessus enim sum omnia delicta mea Petro Galatino, ex secta Franciscana, poenitentiario Sancti Petri, viro in litteris et praesertim sacris haud contemnendo.

Die VII dictum est Caesarianum exercitum consedisse ad Pogium Reale, quod ab Neapoli duo millia distat, agereque cum Neapolitanis de ingressu in urbem, additis minis, nisi pacate eos recipere velint; nam Neapolitanus populus arma cepit, dispositisque ante portas et circa muros custodiis, nolebat Caesarianos ingredi, veritus eorum immanem crudelitatem cum erga hostes, tum erga amicos. Resque in angusto est dubitaturque ne Caesariani vi introgrediantur civitatemque diripiant.

Die octava dictum est Caesarianos Neapolim esse ingressos, nulla tamen vi, sed pace ipsius populi. Quare creditur, cum Lautrecus eos persequatur inveniatque muris munitos et commeatibus instructos, rem longius quam hominum erat opinio protractum iri.

Die IX audivi regem Angliae ingressum esse fines Flandriae hostiliter.

Item audivi a Calvo quod Hispani manus conseruerunt cum primo agmine Lautreci, cui praeest Horatius Ballio, cum delecta Italicorum peditum manu, et Petrus Navarrus, cum fortissimis Germanorum cohortibus, et post aliquot horarum certamen Hispani caesi sunt atque fugati, cursuque Neapolim ingressos. Quodque illis immixtus Horatius Ballio urbem ingredi poterat, sed Petrus Navarrus vetuit, propterea quod universus exercitus non aderat; desiderati Caesarianorum circiter duo millia. Item quod Hispani cogitabant recipere inter Garilianum et Caietam ibique hostem operiri. Haecque omnia Calvus intellexit ab Prospero medico, qui legerat litteras scriptas ex Sarmoneta, sexto hujus mensis die, ad Aloisium Gadem mensarium Florentinum, cujus frater superioribus cardinalis est renunciatus.

Die X dictum est ab Floriano, a secretis Campegii Urbis legati, nullas esse litteras de iis quae heri de conflictu Caesarianorum sparsa sunt, sed tamen eos cogitare recipere se versus Garilianum ibique se vallo et fossa communire hostemque a transitu fluminis prohibere.

Die XI vulgatum est Hispanos Neapolim esse ingressos, unde civitas prae timore duos dies absque coquendo pane fuit. Item quod in Hispania armantur sexaginta galerae, quae ante medium maii mensem in Italiam transfretabunt.

Die XII dictum est primum agmen Lautreci pervenisse prope Neapolim ad Sanctum Martinum, ubi mons est qui imminet arci ac universae urbi, dejectis inde Hispanis; in quo certamine dicuntur periisse marchionem Vasti cum mille et octingentis peditibus, ex cohortibus autem Horatii Ballionis circiter octingentos, sed tamen locum obtinuisse.

Die XIII audivi quod Hispani non ingressi sunt Neapolim, sed sub ejus moenibus castra posuisse, eosque magno ordine esse nec de referendo gradu amplius cogitare. Item quod Hieronymus Moronus crudeliter se gerit ut Neapolitanos in officio contineat. Item quod Galli ingressi sunt Neapolim, cum tamen omnes cohortes Horatii Ballionis fuerint interfectae. Item hodie Campegius legatus, accersito ad se Calvo, dedit ei bullam *In Coena Domini* imprimendam, quam ei miserat Pontifex.

Die XIIII dictum est quod ex aula Pontificis huc sunt litterae allatae, quibus significabatur quod hodie aut ad summum cras proficiscetur ex Urbe veteri Viterbium, ibique commorabitur, donec exitum belli videat; quodque Datarius et Auditores omnes Rotae hac tota ebdomada Romam se conferent, ad jus, ut solebant, dicendum.

Die XV venere Romam per Portam Sancti Petri circiter quadringenta rubea frumenti, dictumque est quod vaenibit decem tantum aureis. Item audivi quod caesa erant ex Lotrechianis ad tria millia ab Hispanis, qui de improviso eos aggressi fuerant prope Neapolim. Hic dies procellosus fuit et maxime ventosus, adeo ut pene prodigiosus ab civibus populoque Romano sit habitus.

Die XVI audivi multos hinc et inde esse interfectos, sed ad octingentos nigrorum vexillorum desiderari, inter quos Lucas

Antonius, adolescens Florentinus, qui sub Joanne Medice militaverat, primipilum ducens, cujus opera Frusino contra Lanoium egregie est defensum. Item alter, qui vocatur Rubeus Sarra, cum eo esse occisum nonnullosque alios non obscuros. Item Tyberis assiduitate et magnitudine himbrium in justam alvei magnitudinem crevit.

Die XVII dictum est Gallos Neapolim diripuisse crudelissime multosque Hispanorum esse caesos, quod tamen non creditur. Item Hispanos exercitum trifariam partitos esse, aliam Aversae, aliam Neapoli, aliam vero Caietae. Item Baptista Pixacharus, qui hodie venit ex Palliano, dixit quod illuc allatae erant ex Fundis litterae quibus significabatur Hispanos sponte deseruisse Capuam, posteroque die Gallos eo ingressuros. Item quod Hispani receperunt se Neapolim muniuntque civitatem, et Pescariam versus ingens munimentum extruxisse. Item hodie venerunt Romam non.... (*Caetera desiderantur*).

www.ingramcontent.com/pod-product-compliance
Lightning Source LLC
LaVergne TN
LVHW020046090426
835510LV00040B/1439